SO WIRD MANN
EIN HELD

SO WIRD MANN EIN HELD

SAM MARTIN

COPPENRATH

Die englische Originalausgabe erschien
unter dem Titel „How to be a hero"

First published in the UK in 2008 by
Apple Press
7 Greenland Street
London
NW1 0ND
www.apple-press.com

Conceived and produced by
Elwin Street Limited
3 Percy Street
London W1T 1DE
www.elwinstreet.com

Grafische Gestaltung: Jon Wainwright, Alchemedia Design
Illustrationen: David Eaton
Bildnachweis: www.shutterstock.com – Cover, Corbis – 8,
Getty Images – 12, 24, 26, 33, 39, 44, 48, 53, 57, 64, 69,
76, 80, 86, 93, 94, 98, 108, 110, 117.

ISBN 978-3-649-61781-5

Der Inhalt dieses Buchs wurde unter größter Sorgfalt erstellt. Für Richtigkeit, Vollständigkeit oder
Aktualität der enthaltenen Informationen kann jedoch keine Garantie übernommen werden. Die
Nutzung und Umsetzung der in diesem Buch enthaltenen Tipps und Informationen erfolgen
ausdrücklich auf eigenes Risiko. Verlag, Autor und Rechteinhaber können für etwaige Unfälle
und/oder Schäden, die sich aus der Umsetzung, sei sie richtig oder fehlerhaft erfolgt, der An-
leitungen und Informationen ergeben, aus keinem Rechtsgrund verantwortlich gemacht werden
oder eine Haftung übernehmen.

Printed in Singapore

www.coppenrath.de

INHALT

EINLEITUNG 6

KAPITEL 1:
DIE ROLLE DES HELDEN 8

KAPITEL 2:
DAS HANDWERK DES HELDEN 24

KAPITEL 3:
DER KAVALIER 48

KAPITEL 4:
KATASTROPHENHILFE 64

KAPITEL 5:
KÜHNE RETTUNGSTATEN 80

KAPITEL 6:
ÜBERLEBENSTECHNIKEN 94

KAPITEL 7:
DIE SUPERHELDEN-LIGA 108

REGISTER 126

EINLEITUNG

Im Januar 2007 sprang der 50-jährige Bauarbeiter Wesley Autrey auf die Gleise der New Yorker U-Bahn, um einen 20-jährigen Studenten zu retten, der gerade einen Krampfanfall erlitten hatte und dabei vom Bahnsteig gefallen war. Während ein Zug heranraste, packte Autrey den Mann, zog ihn in die Mitte des Gleises, legte sich auf ihn und ließ den Zug über beide hinwegrollen. Als der Zug hielt, krochen sie darunter hervor. Dem Studenten war nichts passiert. Und Autrey war augenblicklich ein Held.

Hättest du dich genauso verhalten? Die Frage ist schwer zu beantworten, denn wenn du innehältst und darüber nachdenkst, hast du schon verloren. Sagen wir es so: Ich glaube nicht, dass Autrey, unser U-Bahn-Held, allzu viel nachgedacht hat, bevor er sprang. Er sah jemanden in Gefahr und rettete ihn – das tun Helden. Sie sind Experten im Nicht-Denken.

Doch das heißt nicht, dass Helden Idioten sind. Wer bereit ist, instinktiv einzugreifen, ist deshalb keineswegs dumm. Im Gegenteil: Man muss ziemlich gut vorbereitet sein. Vielleicht ist auch Zufall mit im Spiel, aber wie das Sprichwort schon sagt: Das Glück ist mit dem Tüchtigen.

Ich vermute, dass Autrey ein ziemlich routinierter U-Bahn-Pendler war. Bevor er dem Studenten das Leben rettete, ist er gewiss zweimal täglich gefahren, und zwar über Jahre, wenn nicht Jahrzehnte. Gut möglich, dass er sich bei all der Warterei vorstellte, dass jemand auf die Gleise fiel. Dann wird er sich gefragt haben, was am besten zu tun sei, um ihn zu retten. Möglicherweise fiel ihm als Bauarbeiter der Raum zwischen den Schienen auf. Er machte sich davon wohl ein so genaues Bild, dass er zu der Überzeugung gelangte, dass ein Mensch da hineinpassen und ein Zug problemlos über ihn hinwegrollen würde.

Damit will ich sagen: Autrey war irgendwie auf den Notfall und die zu ergreifenden Maßnahmen vorbereitet, ob ihm das klar war oder nicht. Er wird nicht an U-Bahn-Gleis-Rettungsübungen teilgenommen haben, und es braucht immer noch Mut und Selbstvertrauen, da hinunterzuspringen

– wer je die dreckigen, von Ratten bevölkerten New Yorker U-Bahnschächte gesehen hat, versteht, was ich meine –, aber das Resultat war: Autrey war vorbereitet. Er wusste, was zu tun war, und tat es.

Also, ihr potentiellen Helden da draußen! Wenn ihr merkt, es fehlt euch nicht an der richtigen Einstellung, ihr braucht nur noch einen gewissen Anschub, um euch in einem wirklichen Notfall bewähren zu können, dann ist das euer Buch. Hier findet ihr das Know-how, mit dem ihr im Ernstfall richtig reagieren könnt. Ihr lernt, was ihr tun müsst, wenn es wirklich einmal eng wird und die Situation nach einem Helden ruft. Ihr lernt, welche Typen von Helden es gibt und wen ihr als Vorbild auswählen könnt. Manchmal muss ein Held sich selbst retten, bevor er andere retten kann. Deshalb beschäftigt sich ein ganzes Kapitel mit Überlebenstechniken. Und kein Buch über Heldentum wäre vollständig ohne ein Kapitel über das schöne Geschlecht. Das Leitbild romantischer Tugend und ritterlicher Sorge gibt dem Leben eines Helden einen völlig neuen Sinn.

Wenn du dieses Buch liest, solltest du nie vergessen, dass der wahre Held den Rest der Welt hauptsächlich durch seine Taten in den Schatten stellt. Jeder kann sich erkundigen, wie man einen Menschen aus einem brennenden Gebäude holt, eine Schussverletzung behandelt, in der Wildnis überlebt oder Tango tanzt. Doch Mut und die Bereitschaft, ein Risiko für das Wohlergehen anderer einzugehen, das lässt sich nicht antrainieren. Das lernst du nur in der Praxis.

Natürlich lassen Helden nicht ihre tägliche Arbeit liegen, um durch die Straßen zu patrouillieren und Probleme aufzustöbern. Helden werden immer und überall gebraucht, ob sie gerade ihre Kinder von der Schule abholen oder Geld von der Arbeit nach Hause bringen, ob sie für ihre Liebsten Essen kochen oder einen Dieb verfolgen. Jeder Held muss zuerst ganz bewusst in das Spiel des Lebens eintreten. Wenn er an seinem Platz steht, kann es losgehen – mit ganzem Herzen und vollem Einsatz.

DIE ROLLE

DES

HELDEN

Immer wieder werde ich gefragt: „Wenn du ein Held sein willst, musst du dann gegen einen Alligator kämpfen?" Nun, das kann nicht schaden (vorausgesetzt du gewinnst), aber notwendig ist es nicht. Die meisten Großtaten sind nicht sehr spektakulär. Wenn du einer Dame über die Straße hilfst, ist das auf seine Weise auch heroisch. Der beste Weg zum Helden führt schlicht und ergreifend zu dir selbst. Ach, du weißt nicht, wer du bist? Dann schau dir die folgenden Männertypen an. So findest du heraus, welche Sorte Held in dir steckt.

DIE ÄUSSEREN QUALITÄTEN

Helden gibt es in allen Größen, Formen und Farben. Stehst du nicht besonders auf Umhang und goldenen Gürtel, kommst du auch ohne so ein demonstrativ heroisches Outfit zurecht. In den meisten Fällen bleibt uns Helden eh keine Zeit, uns groß in Schale zu werfen. Wir müssen mit den Sachen in den Einsatz, die wir gerade anhaben, egal ob Handtuch oder Hemd mit Krawatte. Dabei haben sich freilich ein paar Grundsätze bewährt. Und wenn du wirklich den Superhelden geben musst, dann besorge dir eine Nähmaschine und schneidere dir etwas Eigenes.

Die passende Kleidung

1. Festes Schuhwerk. Du willst den Taschendieb stellen oder den kleinen Jungen noch vor dem heranbrausenden Auto von der Straße zerren? Dann musst du stets sportliche Schuhe tragen, die guten Halt beim Laufen geben.

2. Jeans. Die sind aus Baumwolle und damit schwer entflammbar. Das wirst du schätzen, wenn du in ein brennendes Haus rennst oder aus einem Flugzeugwrack kriechst. Und: In diesen Klamotten hast du mehr Ruhe vor Räubern, als wenn du einen weißen Leinenanzug trägst.

3. Elegantes Hemd und Jackett. Du willst doch bei Katastrophen das Heft in die Hand nehmen. Dann werden die Leute besser auf dich hören, wenn deine Kleidung Autorität ausstrahlt.

4. Sonnenbrille. Nützlich, wenn jemand mit einer Waffe auf dich zielt. Deine Augen verraten nicht, was du jetzt vorhast (vorausgesetzt, du hast eine Idee).

5. Armbanduhr. Vielleicht musst du dich mit anderen abstimmen und im Auge behalten, wie viel Zeit dir noch bleibt, bis die Bombe hochgeht oder das Geburtstagsdinner bei deiner Freundin anfängt.

DIE RICHTIGE AUSSTRAHLUNG

Hast du erst einmal deine Garderobe in Ordnung gebracht, müssen wir an deinem Gesichtsausdruck und deiner Körpersprache arbeiten. Das ist ganz entscheidend! Manchmal hilft nur noch ein finsterer Blick oder ein grimmiges Zähnefletschen, besonders wenn du versuchst, einen Möchtegerndieb oder Gelegenheitsgangster einzuschüchtern. Übe deinen Auftritt vor dem Spiegel, damit du im Ernstfall überzeugend wirkst. Du darfst auf keinen Fall so aussehen, dass man dir eine reinhauen möchte.

Willst du ein Mädchen zum Tanz auffordern oder Omas Kätzchen vom Baum holen, dann werde wieder locker. Niemand mag einen Helden mit negativer Ausstrahlung. Wenn du Leuten aus der Klemme hilfst, gilt es, sie auch zu beruhigen. Hierfür hat sich ein freundliches Lächeln bewährt – du solltest diesen Gesichtsausdruck auf der Pfanne haben. Ein freundlicher Blick wird immer gut ankommen und helfen, Spannungen abzubauen. Mit etwas Glück kannst du damit sogar einen Bankräuber aus der Fassung bringen.

Mit der richtigen Haltung wirkst du bestechend und souverän; jeder soll sehen, dass du alles unter Kontrolle hast. Wird es ernst, dann stellst du dich aufrecht, die Füße hüftweit auseinander. Sie können leicht wippen. Halte den Körperschwerpunkt in der Mitte und sei jederzeit zum Sprung bereit.

Vielleicht spürst du, dass die Gefahr allgegenwärtig ist. Dann nimmst du halt bei jeder Gelegenheit diese Pose ein. Nur keine falsche Scheu! Fühle dich frei und stemme die Hände in die Seite. Übst du das lange genug, siehst du irgendwann wirklich aus wie ein Superheld.

DIE RICHTIGE SEITE

So wie Luke Skywalker die Seite der Jedi-Ritter wählte und Darth Vader die dunkle, gibt es auch für Helden zwei entgegengesetzte Wege. Als Anfänger solltest du deine Einstellung gründlich prüfen und eine gute Entscheidung treffen, damit du auf Kurs bleibst, wenn es später einmal schwierig wird. Denn du willst doch nicht als Held beginnen und am Ende einen Fehler mit deinem Leben bezahlen. Oder dein Ego kommt nicht damit klar, wenn dir einmal der gebührende Respekt verwehrt wird. Willst du dann so zynisch sein und auf die Seite der Schurken wechseln? Überlege dir das gut, denn die Chancen stehen für die Guten deutlich besser.

DIE INNEREN WERTE

Du musst nicht wie Mr. Universum aussehen, um Heldenhaftes zu leisten. Helden gibt es in jeder Gestalt und Größe, und egal zu welcher Sorte Mann du gehörst, es kommt gewiss der Tag, an dem du entdeckst, was in dir steckt. Die Qualitäten, mit denen du groß rauskommst, haben sich im Laufe der Zeit kaum verändert. Eigentlich sollte jeder nach ihnen streben, ganz unabhängig davon, ob man Ruhm einfahren möchte oder nicht. Und selbst wenn du gar keine heroischen Eigenschaften an dir erkennen kannst: Du kannst sie erlernen!

Die Eigenschaften eines Helden

Entschlossenheit	Lässt dich stets an deinen Absichten und Handlungen festhalten.
Treue	Sorgt für deine unbeugsame Loyalität gegenüber einer Sache, Handlung oder Person.
Mut	Schützt dich in gefährlichen Situationen vor Zweifeln.
Hingabe	Versieht dich mit einer starken und bleibenden Ergebenheit für eine Sache.
Selbstlosigkeit	Garantiert, dass du nicht auf deine Interessen achtest, wenn du das Wohlergehen anderer verfolgst.
Zielstrebigkeit	Richtet deine Energie auf einen ganz bestimmten Zweck aus.
Edelmut	Mit ihr suchst du frisch-fröhlich nach dem großen Abenteuer.
Ausdauer	Du bleibst bei der Sache, auch wenn es anstrengend wird.
Tapferkeit	Erhält deine mentale Stärke, selbst wenn es einmal weh tut.
Aufopferung	Zeigt deine Bereitschaft, für einen höheren Zweck Dinge aufzugeben, die dir wichtig sind.

DIE VORBILDER DES HELDEN

Vorbilder dienen dem angehenden Helden als Inspirationsquelle oder leuchtendes Beispiel für einen gelungenen Lebenswandel. Und egal welches Spezialgebiet du dir vornimmst, du wirst immer jemanden finden, der sich auf deinem Feld bereits mit hehren Absichten und probaten Methoden hervorgetan hat. Hier meine persönliche Hitliste:

Heldenhafte Vorbilder	
Nelson Mandela	Mandela war ein Held, weil er eine große Idee verkörperte: Menschen sollen unabhängig von ihrer Hautfarbe frei vor dem Gesetz und gleich sein. Seit Abraham Lincoln hat niemand so großen Einfluss auf den Lauf der Geschichte genommen.
Oskar Schindler	Inmitten von Hass und Rassenwahn während des Zweiten Weltkriegs gab Schindler ein Zeugnis wahren Heldenmuts und Menschlichkeit, als er um die 1200 Juden vor der Deportation in die Vernichtungslager bewahrte. Er opferte sein Vermögen und riskierte wiederholt sein eigenes Leben, um das anderer Menschen zu retten – das Musterbeispiel eines Helden.
Mohandas Gandhi	Wenn es dir gelingt, so heldenhaft zu leben, dass du andere Helden zu ihrem Tun anregst, bist du am Ziel. Gandhi gelangte an diesen Punkt, indem er Indien half, die Unabhängigkeit vom britischen Empire zu erlangen, und zwar ganz ohne Gewalt. Seinem Beispiel folgten spätere Aktivisten wie Martin Luther King und Nelson Mandela.
Bill Gates	Wenn Geldverdienen heroisch ist, steht Bill Gates als reichster Mann der Welt ganz oben. Doch noch heldenhafter als das Einnehmen ist das Ausgeben – wenn es einem guten Zweck dient. Er und seine Frau haben für den Kampf gegen Malaria und AIDS in den ärmsten Ländern der Welt riesige Millionenbeträge bereitgestellt.

Winston Churchill	Standhaft in der Not hielt Churchill den Widerstand Europas gegen Nazi-Deutschland aufrecht und vereitelte das Ansinnen des Faschismus, sich über die ganze Welt auszubreiten.
Pelé	Der größte Fußballspieler aller Zeiten bewies, dass ein Superstar auch aus ärmsten Verhältnissen kommen kann. Er symbolisiert das Ideal, dass harte Arbeit und Talent zum Erfolg führen, und zwar unabhängig von der Hautfarbe.
Ernest Hemingway	Hemingway war ein Riese in der literarischen Welt der 1920er-Jahre. Er schrieb über Boxer, Jäger und Reisende und verhalf so einer ganze Generation zu ihrer Identität.
Sir Edmund Hillary	Körperliche Großtaten und Wagemut waren für viele Jahre der Archetypus heroischen Einsatzes, nachdem Hillary 1953 als Erster mit dem Mount Everest den höchsten Berg der Welt bezwungen hatte. Er wurde kurz darauf in den Ritterstand erhoben.
Neil Armstrong	Ganz bestimmt ist es heldenhaft, sich in eine Rakete zu setzen und auf den Mond schießen zu lassen. Armstrong tat genau das und wurde der erste Mensch, der seinen Fuß in eine andere Welt setzte.
Muhammed Ali	Geboren als Cassius Clay, war Ali für viele der größte Boxer aller Zeiten. Auf jeden Fall war er der schillerndste. Zwischen 1964 und 1978 konnte er nach dem Verlust drei Mal den Titel des Schwergewichtsweltmeisters wiedererlangen. Danach widmete er seine Zeit und sein Geld sozialen Projekten. 2005 erhielt er vom amerikanischen Präsidenten die Freiheitsmedaille.
William Wilberforce	Als Mitglied des britischen Unterhauses im späten 18. und frühen 19. Jahrhundert setzte sich Wilberforce an die Spitze der Bewegung zur Abschaffung des britischen Sklavenhandels. Er war ein weltweit beachteter Vorkämpfer für Humanität und Menschenrechte.

DIE TYPOLOGIE DER HELDEN

Welche Art Held bist du? Das hängt natürlich davon ab, ob du eine Abteilung leitest oder zu Hause eine Schar Kinder versorgst (was die wohl heroischste aller Aufgaben ist). Freilich, die Kollegen mit Umhang und Röntgenblick spielen in einer ganz anderen Liga. Wenn du einer von ihnen bist, dann springe gleich zum Kapitel „Katastrophenhilfe" – und lass uns Normalen doch wenigstens ein kleines Stück vom Kuchen des Ruhms.

CHEF DER FAMILIE

Früher verstand man unter dem Familienoberhaupt einfach denjenigen, der die Brötchen verdiente. Doch damit allein bekommst du heute als Held keine Schnitte mehr. Du musst schon einiges mehr draufhaben als einfach nur jeden Monat das Bankkonto aufzufüllen. Der Job des Ernährers sieht heute zweierlei vor: Du bezahlst die Rechnungen UND leistest einen aktiven Beitrag zum emotionalen und mentalen Wohlergehen der anderen Familienmitglieder. Das soll nicht heißen, dass diese unfähig wären, sich selbst um ihren Gefühlszustand zu kümmern – sie erwarten von dir einfach Unterstützung und Zuspruch. Der Held in Gestalt des Familienoberhaupts füllt in der Regel folgende Rollen aus:

HEROISCHE KERNKOMPETENZEN

☑ Beschützer. Der Held bewahrt die Lebensart der Familie, ihr Selbstwertgefühl und ihre physische Prosperität.

☑ Anführer. Er ergreift die Initiative im Familienurlaub, erkennt als erster technische Defekte wie die verstopfte Toilette und behebt den Schaden quasi im Entstehen.

☑ Vorbild. Gutes Benehmen, aufmunternde Worte und heldenhafte Taten, die die Familie zur Nachahmung animieren.

DER ROMANTISCHE HELD

Helden jeglicher Ausprägung kommen bei den Damen gut an. Diese fühlen sich von guten und gefährlichen Taten wie magisch angezogen und bewundern erfolgreiche Männer, die sich für Menschen in Schwierigkeiten einsetzen. Doch der romantische Held will mehr als nur imponieren. Tief im Herzen ist wohl jeder Held ein Romantiker, ob er es zugibt oder nicht. Er widmet sich seiner Aufgabe mit Hingabe, er hat ein Gespür für die Bedürfnisse der anderen und er hat Persönlichkeit. Wenn du herausfinden möchtest, ob ein Held zu den Romantikern zählt, fahnde nach folgenden Wesenszügen:

HEROISCHE KERNKOMPETENZEN

- ☑ Leidenschaft. Manchmal ist es die Passion für eine Frau, häufiger für eine Sache. In beiden Fällen wird sie so stark empfunden, dass sie sich der Kontrolle des Helden entzieht.

- ☑ Empfindsamkeit. Der romantische Held verbirgt ein verletzliches und sanftmütiges Inneres hinter einer harten Schale, und du kannst davon ausgehen, dass große Gefühle und heftiges Verlangen unter dieser Oberfläche lauern.

- ☑ Fähigkeit zu beeindrucken. Als Menschen haben wir alle Fehler, auch die Helden unter uns. Doch selbst wenn es für sie eng wird, finden sie immer noch einen Weg, zu beeindrucken.

- ☑ Individualität. Die meisten erfolgreichen Menschen leben nach ihren eigenen Regeln. Ihr unumstößlicher Moralkodex verarbeitet dabei oftmals frühere Zurückweisung oder gesellschaftliche Diskriminierung.

- ☑ Innere Unruhe. Weil ein Held nach seinen eigenen Regeln lebt, gerät er schnell in einen Konflikt zwischen seinem Bedürfnis nach Liebe und dem kompromisslosen Streben nach Größe. Immer wieder geht das Heldenhafte daher mit einem melancholischen oder gar mürrischen Wesen einher.

DER MANN DER TAT

Willst du energisch zupacken, musst du aus gutem Holz geschnitzt sein.
Du musst austeilen, aber auch einstecken können. Und mit den Muskeln
allein ist es nicht getan. Mindestens genauso wichtig sind Charisma und
ein kompetentes Auftreten. Glaubst du, sonst würden dir die Leute durch
den Notausstieg folgen oder darauf vertrauen, dass du das hinbekommst
mit der Bombe im Frachtraum? Ein Mann der Tat muss über folgende
Eigenschaften verfügen:

HEROISCHE KERNKOMPETENZEN

- [x] Charisma. Der Action-Held muss Leute überzeugen, dass sie ihm
  jederzeit ihr Leben anvertrauen können.

- [x] Fitness. Du musst physisch in der Lage sein, auf einen tieffliegenden
  Helikopter oder einen fahrenden Zug aufzuspringen.

- [x] Ausdauer. Es bringt dir wenig, dass du 80 Kilo stemmen kannst,
  wenn du 40 Kilometer rennen musst.

- [x] Gegenspieler. Alle guten Action-Helden haben einen grimmigen
  Feind, der sich guter Gesundheit erfreut und über enorme Kräfte
  verfügt. Keiner hat gesagt, dass es leicht wird für dich und deine
  Mission.

- [x] Körperliche Fertigkeiten. Du musst wissen, wie man einen Karate-
  schlag platziert, und so flink auf deinen Füßen sein, dass du kom-
  petente Ratschläge für millionenteure Kampfsportfilme geben könntest.

- [x] Wissen. Ein Action-Held muss eine Menge im Kopf haben. Kein
  Möchtegern-James-Bond sollte mit dem Fallschirm über feindlichem
  Gebiet abspringen ohne zu wissen, wie man die unterschiedlichsten
  Schusswaffen bedient, ein Auto auf zwei Rädern lenkt, mit dem
  Motorrad über eine Felsspalte springt, Sprengköpfe entschärft,
  Flugzeuge und Helikopter steuert und sich mit der aktuellen Mode
  der bösen Jungs tarnt.

DER INDUSTRIEKAPITÄN

Der Begriff „Industriekapitän" stammt aus der Zeit der Industriellen Revolution und steht für führende Persönlichkeiten aus der Wirtschaft, die unvorstellbar reich wurden und zugleich politischen Einfluss gewannen. Die meisten Helden der Wirtschaft verdanken ihren Erfolg einer Mischung aus ausgeprägtem Geschäftssinn, harter Arbeit und Erfindungsreichtum. Und genau das gilt auch für dich. Du benötigst genauso wie deine Vorbilder folgende Eigenschaften:

HEROISCHE KERNKOMPETENZEN

- [x] Führungsstärke. Sei ein starker Anführer und begeistere andere für deine Ziele.

- [x] Vision. Du brauchst eine klare Vision, damit du und andere wissen, wo du sie hinführst.

- [x] Kenntnisse. Lerne alles über dein Geschäft. Bevor du den Markt beherrschst, musst du ihn komplett verstanden haben.

- [x] Innovation. Sei innovativ, erfindungsreich und kreativ. Wenn die Antworten für dein Problem auf der Straße lägen, hätten andere sie bereits gefunden.

- [x] Soziales Engagement. Behalte die Menschen im Auge und setze deinen Wohlstand dafür ein, dass die Welt eine bessere wird.

- [x] Einsatz. Ein Held der Geschäftswelt schreckt nicht vor harter Arbeit zurück. Für deinen Erfolg musst du ziemlich lange im Büro bleiben. Gönne dir erst eine kleine Auszeit, wenn du deine erste Million gemacht hast.

DER SPORTHELD

Heroische Sportler nehmen einen ganz besonderen Platz in dieser Welt ein, weil sie ihre Heldentaten vor Tausenden von Stadionbesuchern vollbringen. Wir sehen ihre Erfolge genauso wie ihre Niederlagen. Das bedeutet, dass das Heldenhafte nicht nur in der athletischen Leistung liegt. Du kannst noch so gut sein – wenn du die Feinheiten des Spiels nicht verstehst, wirst du nie ganz oben ankommen. Der wahre Sportheld schafft es, seinen Sieg so zu präsentieren, dass er das gesamte Drama menschlichen Lebens und Strebens widerspiegelt. Halte dich an folgende Tugenden:

HEROISCHE KERNKOMPETENZEN

- [x] Führungsstärke. Selten wird ein Sportler zum Helden ohne die Unterstützung seiner Teamkollegen, doch es liegt am Helden, den Mitspielern den Weg zum Sieg zu weisen, indem er eine besondere Leistung und Leidenschaft an den Tag legt und dann eine Trophäe nach der anderen sammelt.

- [x] Leidenschaft. Ohne die Begeisterung für dein Spiel wirst du im Sport nichts gewinnen, und Sporthelden warten mit besonders viel Leidenschaft auf. Diese Jungs sind hochmotiviert und geben einen Wettbewerb niemals verloren. Es ist ihre Haltung, die sie hervorhebt.

- [x] Können. Du musst dein Spiel ganz genau beherrschen. Als Sportheld überragst du die anderen Mitspieler, sowohl körperlich als auch mental.

- [x] Ausdauer. Wenn du nach dem ersten Misserfolg aufgibst, wirst du niemals gewinnen. Als Sportheld musst du Jahr für Jahr deine Leistung bringen und auf dem Platz alles geben, bis dir der große Coup gelingt.

- [x] Fairness. Nach einer Niederlage darfst du niemals abfällige Bemerkungen über deinen Gegner machen. Helden des Spiels geben sich die Hand, gratulieren sich zu ihrer Leistung und sagen: „Ich freue mich schon auf die nächste Begegnung."

DER ABENTEURER

Du wirst zum Entdecker, wenn du von dem Verlangen getrieben bist, wenig bekanntes Terrain mit eigenen Augen zu betrachten, zu erkunden und womöglich auch in einem Film oder Buch zu dokumentieren. Den furchtlosen Abenteurer zieht es unentrinnbar zu solchen Herausforderungen, auch wenn es gefährlich wird. Da es nicht mehr viele Orte gibt, die noch kein Menschenauge gesehen hat, ist dem Abenteurer kein Weg zu weit und kein Risiko zu hoch, um sie zu erreichen. Auch setzt er Leib und Leben aufs Spiel, um Dinge zu tun, die noch keinem Menschen gelungen sind. Er stellt Geschwindigkeitsrekorde ein oder umrundet die Welt mit einem Ballon. Dieser Ehrgeiz erfordert folgende Eigenschaften:

HEROISCHE KERNKOMPETENZEN

- ☑ Mut. Wer auf den Mount Everest steigt oder sich anschickt, als Erster mit einem Hängegleiter das Südpolarmeer zu überfliegen, muss mutig sein – oder verrückt.

- ☑ Vorbereitung. Eine Expedition gelingt nur, wenn sie perfekt vorbereitet ist. Ein Abenteurer ist ein Meister in dieser Disziplin, und er denkt noch an die kleinste Kleinigkeit.

- ☑ Die nötigen Mittel. Diese Leute haben entsprechende Kontakte, um die entlegensten Länder zu erreichen, und verfügen über die Zeit und das Geld, um pro Jahr mehrere Wochen oder Monate auf ihren Abenteuerfahrten zu verbringen. Sie können sich auch die aberwitzig hohen Tarife ihrer Lebensversicherung leisten.

- ☑ Glaube. Ist alles vorbereitet, müssen Abenteurer felsenfest von ihrem Vorhaben überzeugt sein. Sonst misslingt der Sprung ins Ungewisse.

DER SUPERHELD

Als Superheld benötigst du nichts weniger als eine völlig einzigartige Kraft oder eine übernatürliche Fähigkeit. Dazu zählen der Röntgenblick oder die Gabe, stets genau zu wissen, was eine Frau gerade will. Auch wer nicht über solch übermenschliche Eigenschaften verfügt, kann ein entsprechendes Outfit tragen – und ein Held sein –, doch dann spricht man von verkleideten Verbrechensbekämpfern. Hast du einen Bekannten unter Verdacht, über Superkräfte zu verfügen, kannst du das anhand folgender Liste abchecken:

HEROISCHE KERNKOMPETENZEN

- ☑ Übermenschliche Fähigkeit. Darunter fallen: Fliegen, durch Wände gehen, sich unsichtbar machen, Autos mit einer Hand hochheben, Feuersalven aus den Fingerspitzen verschießen oder ähnlich beeindruckende Absurditäten.

- ☑ Ausrüstung. Hier geht es um die Art technisches Equipment, das du wirklich noch nie zuvor gesehen hast. Wird bevorzugt an Spezialgürteln getragen.

- ☑ Verkleidung. Der Superheld trägt eine Maske, einen eng anliegenden Spezialanzug und einen Umhang, auch am helllichten Tag.

- ☑ Rückzugsort. Unterschlupf an einem schlecht zugänglichen Ort, sagen wir der Antarktis.

- ☑ Einsatzbereitschaft. Du kannst mit einem Superhelden kaum mal ein ruhiges Bierchen trinken, denn irgendwo passiert immer eine Katastrophe.

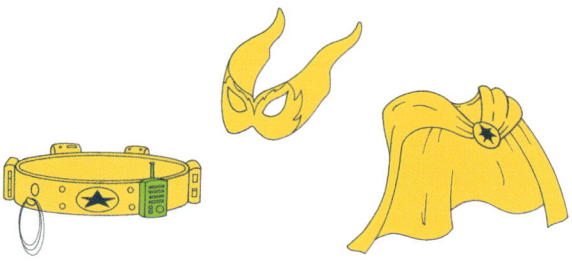

DER ANTIHELD

Mit dem Antiheld rechnet keiner. Die meisten Menschen verachten seine unkonventionelle Vorgehensweise, aber irgendwie haben sie auch Mitleid mit ihm und verstehen seine verzwickte Lage. Auch wenn er sich bisweilen wie ein Gauner verhält, besitzt er doch noch genügend Anstand, um nicht ganz auf der falschen Seite zu landen. Die Grenze zur Welt der Schurken ist allerdings fließend. Folgende Kriterien können bei der Unterscheidung helfen:

„HEROISCHE" KERNKOMPETENZEN

- ☑ Undefinierbarkeit. Diese Zeitgenossen verfügen über keine typisch heldenhaften Eigenschaften. Sie sind charakterschwach, irgendwie abnorm und doch auch gewöhnlich.

- ☑ Verwirrung. Diese Leute haben einfach keinen Plan. Sie gelangen durch reinen Zufall in heroische Situationen oder weil sie irgendwie ihre Haut retten müssen. Absichtliche Heldentaten sind ihnen fremd.

- ☑ Hinterhältigkeit. Sie erlangen ihren Status auf erbärmliche und betrügerische Weise.

- ☑ Prinzipienlosigkeit. Der Antiheld kennt keine Ideale. Tatsächlich vermeidet er alles Heroische aus Angst um sein Leben und seinen Besitz.

- ☑ Schwäche. Diese Personen meiden körperliche Ertüchtigung, was man ihnen auch ansieht.

- ☑ Mehr Glück als Verstand. Trotz seiner Schwächen landet der Antiheld auffallend häufig auf der guten Seite, wenn auch nur knapp.

DAS HANDWERK DES HELDEN

Mut, der richtige Riecher und eine gute Portion Glück bringen dich als Held schon ziemlich weit. Doch all das kann ein solides handwerkliches Fachwissen nicht ersetzen. Ein anständiger Held beherrscht einfach mehr Dinge als ein Durchschnittsmensch, und glaube nur nicht, dass diese Fähigkeiten vom Himmel fallen. Es gibt ein paar Dinge, die du dir sehr genau aneignen musst, damit du sie parat hast, wenn es darauf ankommt. Alles fängt damit an, dass du bereit bist.

VORBEREITUNG IST ALLES

Manche Männer werden zu Helden, weil sie in einer verzweifelten Situation über sich hinauswachsen. Vor ihnen ziehen wir den Hut. Doch die meisten von uns geraten nicht einfach so und ganz unverhofft in solche Extremsituationen. Auf der anderen Seite gilt aber auch, dass ständig irgendwelche Unglücke passieren, vom einfachen Gasaustritt bis hin zu einem katastrophalen Erdbeben. Wenn du es so betrachtest, gibt es durchaus ganz viel Arbeit für einen Helden. Man muss sie nur erkennen und rechtzeitig zur Stelle sein. Du fühlst dich angesprochen? Dann überprüfe, ob du die wichtigsten Gegenstände zur Hand hast, die du im Fall der Fälle brauchst. Es kann sein, dass du zu Hause handeln musst. Oder aber ihr werdet evakuiert. Für diesen Fall benötigst du eine Tasche, die all das enthält, was du benötigst – allerdings nur das Tragbare. Z. B. Streichhölzer, Batterien und ein Mobiltelefon. Lagere die Notausstattung stets getrennt von den Gegenständen des täglichen Bedarfs und lege die Evakuierungs - tasche bereit, damit du sie im Ernstfall sofort zur Hand hast.

Ausstattung für den Notfall zuhause

CHECKLISTE

- [x] mehrere Taschenlampen und Ersatzbatterien
- [x] ein Handy UND ein Draht-Telefon. Drahtlose Telefone sind vom Stromnetz abhängig.
- [x] ein batteriebetriebenes Radio (AM/FM) und Ersatzbatterien
- [x] Holzkohle- oder Gasgrill (bzw. Kombi-Gerät), Vorrat an Brennstoff
- [x] Lebensmittelkonserven und andere Esswaren, die nicht gekühlt werden müssen
- [x] mechanischer Dosenöffner
- [x] Notstromaggregat (Gas oder Diesel)
- [x] Extra-Vorrat an Brennstoff für das Aggregat
- [x] Trinkwasser
- [x] Trillerpfeife (um auf sich aufmerksam zu machen)
- [x] Streichhölzer in wasserdichtem Behälter
- [x] Feuerzeug
- [x] Kerzen
- [x] Taschenmesser
- [x] Decken
- [x] Erste-Hilfe-Set
- [x] Kühltaschen für einen Stromausfall
- [x] Raumheizgerät (Gas oder Öl)

Fortsetzung

Fortsetzung

- ✓ Wenn du eine Feuerstelle im Haus hast, halte genügend Brennholz bereit.

- ✓ Wecker mit Batteriebetrieb oder Feder

- ✓ Schecks, Kreditkarten und – am wichtigsten! – Bargeld (Geldautomaten fallen bei einem Stromausfall in der Regel aus)

- ✓ Der Tank in deinem Auto muss immer mindestens halbvoll sein.

HINWEIS

- ✓ Es ist immer ratsam, von all diesen Gegenständen auch eine tragbare Variante griffbereit zu haben. Wenn du dein Haus schnell verlassen musst, brauchst du dann nur nach der Notfalltasche zu greifen und kannst gehen. Selbstverständlich wird diese nur handliche Gegenstände enthalten. Empfohlen werden leichte, haltbare Lebensmittel, Ersatzschlüssel für Haus und Auto, mindestens fünf Liter Trinkwasser pro Person, eine Umgebungskarte, Toilettenpapier und/oder Papier-taschentücher, Kopien wichtiger Dokumente wie Personalausweis oder Reisepass und eine Adress- und Telefonliste mit allen Personen und Einrichtungen, die du im Notfall brauchst.

FLUCHTPLAN BEI BRÄNDEN

Ein Held sollte alles tun, um einen Brand zu vermeiden. Aber was nützt das, wenn Onkel Willi im Bett raucht und dabei einschläft? Schon stehen die Vorhänge in Flammen, der Feuerlöscher ist leer und die Lampen an der Decke schmelzen. Jetzt muss sich dein Fluchtwegeplan bewähren.

Was du brauchst

Millimeterpapier

einen Stift

eine transparente Plastikmappe

Reißzwecken

WIE MAN'S MACHT

1. Zeichne einen Grundriss deines Hauses auf Millimeterpapier, Zimmer für Zimmer. Vermerke jedes Fenster und jede Türe an der exakten Stelle und beschrifte die Räume.

2. Beschrifte in Großbuchstaben jede Tür, die ins Freie führt, mit „NOTAUSGANG".

3. Gehe durch das Haus und finde heraus, welche Fluchtwege im Brandfall die schnellsten sind. Trage Pfeile in den Plan ein, die jeder im Haus befindlichen Person anzeigen, wie sie zu einem der Ausgänge gelangt.

4. Bestimme in deutlicher Entfernung zum Feuer einen Sammelpunkt außerhalb des Hauses (das Nachbarhaus, der Laden an der Ecke, ein Parkplatz). Dort wird durchgezählt und festgestellt, ob alle Personen in Sicherheit sind.

5. Erläutere jeder Person im Haus die Funktion des Plans und schreite mit ihr den jeweiligen Fluchtweg ab. Lege den Plan in eine Plastikhülle und hänge ihn an einer gut zugänglichen Stelle im Haus auf (z.B. an der Terrassentür oder am Kühlschrank).

WASSERROHRBRÜCHE

Ein geborstenes Rohr mag nicht so dramatisch sein wie eine durchtrennte Arterie, aber auch dieser Notfall erfordert eine schnelle Reaktion. Sei wachsam, wenn die Temperaturen unter null Grad sinken, denn gefrorenes Wasser dehnt sich aus und bringt die Rohre zum Platzen. Sollte alle Vorsicht nichts helfen und doch einmal ein Riss entstehen, brauchst du einen Notbehelf. Es gibt dafür mehrere Möglichkeiten, aber keine von ihnen ersetzt den Klempner. Rufe ihn nach deinem Einsatz.

Was du brauchst

Panzertape

Epoxykleber

Rohrschelle

Gummimatte

Schraubenzieher

Telefonnummer eines guten Klempners

WIE MAN'S MACHT

1. Bei kleinen Rissen, aus denen es nur etwas tropft, tut es oft schon Panzertape. Du musst dann nicht einmal den Haupthahn zudrehen. Umwickle die Leitung und achte darauf, dass sich die einzelnen Streifen ausreichend überlappen.

2. Deine Abdichtung hält schon besser, wenn du Epoxykleber verwendest. Befindet sich der Riss in der Nähe einer Rohrverbindung, ist das deine Wahl. Allerdings muss dafür das Wasser abgedreht werden und die defekte Stelle völlig trocken sein.

3. Bei größeren Rissen musst du das Wasser abstellen und eine Gummimatte um die entsprechende Stelle wickeln. Halte eine Hälfte einer Rohrschelle auf die eine Seite des ummantelten Rohrs und setze die andere Hälfte gegengleich an, sodass die Schelle das Rohr umfasst. Schraube jetzt beide Teile zusammen. (Wenn du keine Rohrschelle findest, tut es auch eine Schlauchklemme.)

4 Hast du bei deiner provisorischen Reparatur das Wasser abgestellt, drehe es wieder auf und beobachte die beschädigte Stelle, ob sie wirklich dicht hält.

H I N W E I S

☑ Du verhinderst einen Frostschaden, indem du ein Absperr- und ein Ablaufventil einbaust. Damit lässt du das Wasser ablaufen, bevor etwas passieren kann. Leitungen im Freien oder in einem kalten Keller kannst du auch mit Schaumstoffisolationen schützen.

REIFENWECHSEL

Ein Platten am Ende der Welt ist kein Vergnügen. Noch schlimmer ist es aber, wenn keiner da ist, der ihn beheben kann. Ein Reifenwechsel ist daher der Einstieg in eine Heldenkarriere. Scheue dich nicht, als kräftiger Mann auf einen Kreuzschlüssel zu steigen und mit dem Fuß die Radmuttern zu lösen. Das sieht vielleicht etwas affig aus, ist aber notwendig.

Was du brauchst

Schraubenzieher

Kreuzschlüssel

Wagenheber

Ersatzrad

WIE MAN'S MACHT

1. Hole das Ersatzrad aus der Wanne unter dem Kofferraum und lege Kreuzschlüssel, Wagenheber und einen Schraubenzieher bereit.

2. Ist da eine Radkappe, kannst du sie einfach mit Hilfe eines Schraubenzieher ablösen.

3. Mit dem Kreuzschlüssel werden jetzt die Radmuttern gelockert, aber noch nicht herausgedreht. Das heißt, du löst jede Schraube und drehst sie wieder leicht bis zum Anschlag zurück.

4. Setze den Wagenheber nahe am defekten Rad an. (Näheres über die genaue Platzierung findest du in der Betriebsanleitung.)

5. Hebe den Wagen an, bis die Höhe für einen Wechsel gerade ausreicht.

6. Entferne die Schrauben vom defekten Rad und nehme es ab.

7. Setze das Ersatzrad auf die Achse und drehe die Schrauben leicht zu. Lasse den Wagen herunter und ziehe die Schrauben fest.

WAS MAN TUN UND LASSEN SOLLTE

 Überprüfe regelmäßig den Luftdruck im Ersatzrad und vergewissere dich, dass der Wagenheber funktioniert.

 Suche für den Reifenwechsel einen sicheren Platz am Straßenrand und schalte das Warnblinklicht ein, damit du nicht dich oder andere Verkehrsteilnehmer gefährdest.

EIN TOR SCHIESSEN

Kaum etwas im Leben verschafft dir so viel Bestätigung und Ruhm wie ein Treffer beim Fußball. In solchen Momenten liegt dir die Welt zu Füßen – du bist der Held. Aber es erfordert schon einiges an Übung, Können und auch ein wenig Glück, wenn der Ball im Netz landen soll. Für den kurzen Moment, den du im Rampenlicht verbringen willst, musst du sehr lange trainieren. Aber Sport macht Spaß, und insbesondere dann, wenn du an den Triumph denkst, der dir winkt, wenn du den Ball hinter die Linie bekommst.

WIE'S GEHT

1. Eine Torchance kann sich jederzeit in einem Spiel ergeben, egal ob wegen eines brillanten Spielzugs oder aus purem Glück. Du brauchst einen guten Riecher, wann du den Ball am besten behältst und selbst mit einem Hammerschuss den Ruhm erntest und wann du besser einen anderen Spieler vollenden lässt. Sobald sich ein Loch in der Verteidigung auftut oder der Torwart nicht auf seinem Posten steht – schieß!

2. Verschaffe dir Möglichkeiten, indem du Räume öffnest. Wenn dir die Verteidiger zu eng auf den Fersen sind, stören sie deine Bewegung und greifen dich womöglich an. Lege einen kleinen Sprint ein oder mache einen hübschen kleinen Hackentrick, um deinem Bewacher zu entkommen.

3. Du brauchst den perfekten Schuss. Trittst du mit der Spitze, gilt das immer als schwache Technik, und niemand wird dich ernst nehmen, selbst wenn du triffst. Ein guter Schütze hält sein Knie über dem Ball und berührt ihn mit dem Spann. Führe deine Bewegung fort in die Richtung, in die der Ball gehen soll. Das ist eine Kunst, also übe sie.

4 Vielleicht bekommst du die Chance zu einem Kopfballtor. Dann musst du höher springen als der Ball, damit du ihn nach unten in Richtung Tor drücken kannst. Du musst den Ball mit der Stirn treffen – wenn er dich oben am Kopf touchiert, triffst du nicht, und wenn er in deinem Gesicht landet, tut das weh. Und zwar gehörig.

5 Dein räumliches Vorstellungsvermögen ist extrem wichtig – und kann trainiert werden. Du musst binnen Sekundenbruchteilen berechnen, wie weit das Tor entfernt ist, in welchem Winkel du zu ihm stehst, wo die Verteidiger stehen und wo sich der Torwart platziert hat. Dann musst du diese Faktoren umsetzen und deinen Schuss mit der richtigen Geschwindigkeit, Richtung und Präzision auf den Weg bringen.

WAS MAN TUN UND LASSEN SOLLTE

☑ Übe! Es gibt viele verschiedene Techniken, und du weißt nicht, welche du im entscheidenden Moment brauchst.

☒ Stöhne und schreie nicht, wenn du abziehst, das macht keinen guten Eindruck!

☒ Schließe nicht die Augen, hampele nicht wild mit den Beinen herum und schieße nicht mit der Spitze, sonst wirkst du wie ein Amateur und triffst nie.

☑ Feiere deinen Erfolg, denn du hast ihn verdient. Führe aber keine lächerlichen Tänzchen auf, sondern bedanke dich bei den Spielern, die dir geholfen haben (natürlich nur bei denjenigen aus deiner eigenen Mannschaft).

☒ Übertreibe es nicht mit deinem Jubel. Du erweckst sonst den Eindruck, als hättest du noch nie zuvor getroffen. Ganz zu schweigen von der Peinlichkeit, die dir droht, wenn du dir dabei weh tust.

KARATE-KICK

Es kann vorkommen, dass du in eine Situation gerätst, in der du dich oder andere verteidigen musst. Dann ist es von Vorteil, wenn du dich auf ein paar grundlegende Verteidigungstechniken verstehst. Ein wohlplatzierter Karate-Kick zur rechten Zeit kann einen Angreifer über Sekunden ausschalten. Das verschafft dir Zeit, um dich erneut in Verteidigungsposition zu bringen. Der Tritt ist überdies viel eleganter als wutentbrannte Faustschläge oder ein brutaler Kopfstoß, und, richtig ausgeführt, sollte er den Angreifer so beeindrucken, dass er von seinem Vorhaben ablässt.

Was du brauchst

bequeme Hose

biegsame Glieder

zielgerichtete Aggressivität

WIE MAN'S MACHT

1. Der Sidekick ist wohl der bekannteste und coolste Karate-Kick. Er ist der perfekte Schlag, um dir einen Angreifer vom Leib zu halten, und er ist nicht allzu schwer.

2. Wo du hinzielst, hängt von deiner Beweglichkeit ab und von der Entfernung deines Gegners. Ein guter Techniker kann einen Schlag auf Kopfhöhe ausführen. Um deinen Angreifer abzuschrecken, kannst du aber auch auf die Knie, die Leiste, den Bauch oder den Solarplexus zielen.

3. Stelle dich seitlich zu dem Angreifer, sodass dein Standbein um 45 Grad von ihm abgewandt ist. Diese Position gibt dir den nötigen Stand.

4. Ziehe dein vorderes Bein hoch und halte dein Knie so nah wie möglich am Körper. Stelle dir das Bein als aufgezogene Sprungfeder vor, die all deine Energie und Kraft bündelt.

5 Jetzt musst du dich konzentrieren und entschlossen nach deinem Ziel aus-
schlagen. Denke daran, dass du den Angreifer mit der Ferse treffen musst.

6 Ziehe das Bein unmittelbar nach dem Kontakt zurück und mache dich bereit für
einen zweiten Angriff. Vielleicht hat der Aggressor seine Lektion noch nicht
ausreichend gelernt.

WAS MAN TUN UND LASSEN SOLLTE

✓ Bleibe ruhig! Mit Panik in den Gliedern kannst du diese Bewegung nicht effektiv
durchführen. Sollte sich doch Angst breit machen, und damit ist zu rechnen,
atme tief ein und mache deinen Kopf frei.

✗ Setze einen Karate-Kick unter keinen Umständen für andere Zwecke als zur
Selbstverteidigung oder zum Schutz einer anderen Person vor einer massiven
Attacke ein.

EIN PFERD REITEN

Stell dir vor, irgendwelche Aliens überfallen die Erde und kein Auto springt mehr an. Die Email-Server sind ausgefallen, ebenso die Telefonverbindungen. Wie willst du jetzt diese wichtige Nachricht verbreiten? Natürlich auf einem Pferderücken. Das bedeutet: Als Held musst du reiten können. Man weiß ja nie, wann man es braucht.

Was du brauchst

Pferd

Sattel

Zügel

festen Hosenboden

WIE MAN'S MACHT

1. Wenn noch Zeit ist, ziehe die Bügel auf die richtige Länge. Zum Ausmessen hältst du die Schnalle des Steigbügels mit der einen Hand fest und ziehst mit der anderen die Bügel auf Achselhöhe. Das Eisen sollte exakt unter die Achsel passen. Wenn die Zeit hierfür nicht reicht, ist die Lage wirklich ernst.

2. Setze einen Fuß in den Steigbügel, halte dich am Horn und Knauf des Sattels fest (das ist der lederne Teil, der gleich hinter dem Hals des Pferdes aufragt), und schwinge dein Bein über den Rücken des Pferdes. Pass auf, dass du das Pferd dabei nicht trittst, sonst könnte es zurücktreten. Oder es rennt los und du hängst an der Seite.

3. Sobald du im Sattel sitzt, schnappe die Zügel und setze auch den zweiten Fuß in den Bügel.

Fortsetzung übernächste Seite

Fortsetzung

4 Sage dem Pferde, dass es jetzt losreiten soll, indem du „hüa" rufst und mit deinem Hut winkst – Scherz! Drücke einfach die Schenkel leicht zusammen, und das Tier wird langsam im Schritt gehen.

5 Wenn das Pferd traben soll, drücke wieder mit den Schenkeln in die Seite. Im Trab solltest du ein kleines Stück aus dem Sattel abheben und wieder sitzen, passend zum Rhythmus des Ganges. Der Trab ist ein Gang im Zweierrhythmus. So zu reiten nennt man leicht traben. Wenn du hier einen Fehler machst, wird der Ritt holprig und hinterher schmerzt dein Gesäß.

6 Wenn du bereit bist für den Galopp, musst du dich im Trab hinsetzen („aussitzen") und im Sattel etwas weiter zurücklehnen. Dann treibe das Pferd wieder mit den Schenkeln.

7 Zum Abbremsen („Durchparieren") musst du tief sitzen (verlagere dein Gewicht nach hinten) und die Zügel halten.

8 Zum Anhalten ziehe die Zügel und sitze tief. Vielleicht musst du dich etwas zurücklehnen und dein Gewicht nach hinten und auf die Fersen verlagern. Ziehe niemals am Gebiss. Pferde mögen das nicht.

WAS MAN TUN UND LASSEN SOLLTE

- ✓ Immer erst Schritt vor dem Trab und Trab vor dem Galopp.

- ✓ Immer wenn du stehst, lasse sofort die Zügel locker (als Belohnung).

- ✓ Trage immer lange Hosen.

- ✗ Du darfst niemals in der Nähe eines Pferdes sitzen oder knien.

KRAULSTIL

Stelle dir vor, du bleibst mit deinem Boot auf einem eiskalten, gott-verlassenen See liegen und musst ans Ufer schwimmen, auch wenn das ein paar Kilometer entfernt ist. Du musst dann sehr schnell sein, denn die Fluten sind unerbittlich. Dazu brauchst du einen hoch entwickelten Kraulstil. Mit ihm gleitest du glatt und geschmeidig durchs Wasser und erreichst die rettenden Gestade.

Was du brauchst

Fähigkeit zu schwimmen

Ausdauer

Haiabwehrmittel

WIE MAN'S MACHT

1. Du musst so stromlinienförmig wie möglich sein. Kopf und Gesicht sind unter Wasser und der gesamte Körper wird dicht an der Wasserober-fläche gehalten.

2. Die Beine balancieren den Körper aus. Sie schlagen durchgehend und in voller Länge. Die Kraft kommt aus den Oberschenkeln für einen maximalen Rückstoß.

3. Die Arme sind dein Kraftwerk, doch es funktio-niert nur mit korrekter Technik. Hebe einen ge-beugten Arm aus dem Wasser und über den Kopf. Dann steche mit der Hand ins Wasser, und zwar so weit vorne wie möglich. Drücke deinen Arm zurück in Richtung der Beine, wobei der Ellbogen leicht gebeugt bleibt.

4. Versuche, bei jedem zweiten Zug zu atmen. Wenn dein Arm aus dem Wasser kommt, hebst du den Kopf und drehst ihn zur Seite, atmest ein und legst den Kopf wieder unter Wasser. Die Atmung geht synchron zum Rhythmus der Schläge.

BERGSTEIGEN

Als Jacques Balmat und Michel-Gabriel Paccard 1786 den Gipfel des Mont Blanc erreichten – an Ausrüstung hatten sie kaum mehr als ein selbst gemachtes Seil, das sie sich um den Bauch banden –, war das die Geburtsstunde des heroischen Alpinismus. Sie wussten, welche Route auf den Gipfel führte, aber kaum, was sie ihnen abverlangen würde. „Er war ein Miststück", sagte Balmat seinem Gastroenterologen einige Wochen später. Er hat das nie näher ausgeführt.

Einen Berg zu bezwingen ist schwierig, aber nicht unmöglich. Du musst dich mit dem Klettern auf Felsen und im Eis auskennen und unter extremen Bedingungen biwakieren. Außerdem darfst du nicht allein sein: Finde einen Kameraden oder schließe dich einer Gruppe an.

Was du brauchst

Bergschuhe

zwei Garnituren mit warmer und leichter Kleidung

Allwetterzelt mit Abspannleinen

warmen Schlafsack

Campingkocher

Verpflegung mit hohem Anteil an Kohlenhydraten

viel Wasser

Überlebensausrüstung

WIE MAN'S MACHT

[1] Plane sehr gut und informiere die örtliche Bergwacht über dein Vorhaben. Du solltest dich mindestens einen Tag lang auf ca. 2500 Metern über dem Meeresspiegel an die dünne Luft akklimatisieren, um eine Höhenkrankheit zu vermeiden. Nimm dir dann pro Tag 300 bis 450 Höhenmeter vor. Plane deine Etappen so, dass du am Ende noch genügend Tageslicht hast, um das Nachtlager aufzuschlagen.

[2] Gehe den Anstieg langsam an und lasse dich nicht hetzen. Wenn dich deine Kameraden überholen wollen, lass sie. Ihr macht keinen Wettlauf. Lass dich aber nicht so weit zurückfallen, dass du den Anschluss verlierst. Wenn du mit einer großen Gruppe unterwegs bist, wird sich ohnehin ein durchtrainierter

Kletterseil

Klettergurte

Steigeisen

Eispickel

Profi darum kümmern, dass niemand zurückfällt.

3 Oberhalb von rund 2500 Metern ist es noch wichtiger, langsam zu gehen, damit man sich an die große Höhe akklimatisieren kann. Klettere nie mehr als 450 Höhenmeter pro Tag. Nimm große Mengen Flüssigkeit zu dir, das verhindert eine Dehydrierung und beugt der Höhenkrankheit vor.

4 Nimm dich vor Lawinen und Steinschlag in Acht. Wenn du ein gefährliches Schneefeld durchquerst, gehe zügig, aber nicht so schnell, dass du den festen Tritt verlierst. Bleib nicht stehen, nicht einmal für eine Minute, wenn in der Gegend vor Kurzem eine Lawine abgegangen ist.

5 Für eine Übernachtung schlägst du dein Zelt auf. Ziehe die durchschwitzten Kleidungsstücke aus und ersetze sie durch die andere, trockenere (und wärmere) Garnitur, die du dabei hast. Am nächsten Tag nimmst du für die Wegstrecke wieder die alte Kleidung.

WAS MAN TUN UND LASSEN SOLLTE

X Wenn du Probleme mit der Atmung hast, schlecht schläfst oder an Schwindel, Übelkeit oder Brechreiz leidest, kann es sich um die Höhenkrankheit handeln. Steige dann nicht höher! Am besten steigst du um wenigstens 300 Meter ab und akklimatisierst dich dort 24 Stunden lang.

EIN FLUGZEUG FLIEGEN

Ich will hier nicht zu technisch werden, aber es gibt nur zwei Erklärungen, wenn die Flugbegleiterin auf 11.000 Metern Höhe fragt, ob jemand unter den Passagieren ist, der ein Flugzeug fliegen kann. Möglichkeit A: Sie braucht eine Empfehlung für eine gute Flugschule. Oder B: Der Pilot ist unpässlich oder gar tot. Ich möchte ja keine Panik machen, aber ich halte Variante B für die wahrscheinlichere. Zwar solltest du nie versuchen, ein Flugzeug zu steuern, wenn du das nicht von der Pike auf gelernt hast, aber was würdest du in diesem speziellen Fall tun? Einfach sitzen bleiben und warten, bis die Sardinenbüchse, in der du sitzt, wie ein Stein vom Himmel fällt, oder ins Cockpit gehen und den Steuerknüppel in die Hand nehmen? Ich würde mich auch hier für die zweite Option entscheiden.

WIE'S GEHT

1. Bevor du ans Fliegen denkst, musst du erst einmal den Pilot aus dem Sitz entfernen, insbesondere wenn er über dem Steuerknüppel zusammen- gesunken ist. In diesem Fall muss er sogar schnellstens weg. Denn es besteht die Gefahr, dass sein Körpergewicht auf den Knüppel drückt, was einen rasanten Sturzflug verursachen würde.

2. Wenn der Pilot den Knüppel nicht berührt und das Flugzeug offensichtlich ohne Mucken fliegt, ist das ein gutes Zeichen. Es bedeutet, ihr seid auf Autopilot. In diesem Fall darfst du den Steuerknüppel auf keinen Fall berühren. Denn sonst schaltet sich der Autopilot sofort aus, und du musst deine Künste wesentlich früher unter Beweis stellen, als dir lieb ist. Ist also das Flugzeug auf Autopilot, springe zu Punkt 4.

3. Wenn du sofort den Flug übernehmen musst, gilt es in erster Linie, die Flughöhe zu halten. Finde den Höhenanzeiger. Neuere Maschinen haben einen Computerbildschirm. Bei älteren Modellen findest du die Anzeige in der ersten Instrumentenreihe, für gewöhnlich in der Mitte. Er hat eine Reihe von Miniatur-Flügeln und eine Darstellung des Horizonts. Nimm den Steuerknüppel, um die Längsneigung zu korrigieren (steigen oder sinken) und um die Querneigung zu steuern (Rechts- oder Linkskurve). Mit Ziehen hebst du die Nase an, mit Drücken senkst du sie ab.

4. Sobald du den Flug stabilisiert hast, nimm das Funkgerät und setze einen Notruf ab. Dafür sagt man dreimal „Mayday" und ergänzt das durch eine Lagebeschreibung (z.B. „Ich bin ein normaler Fluggast, der die Passagiere retten will, und ich werde jede Belohnung ablehnen, die Sie mir vielleicht anbieten, wenn wir hier lebend herauskommen"). Benutze nach Möglichkeit die Frequenz 121,50 MHz. Geht das nicht, sende trotzdem deinen Funk- spruch. Du solltest auch den Flugfunktransponder benutzen, der sich in der Nähe des Funkgeräts befindet. Setze alle Zahlen auf 7700. Damit sendest du ein Notsignal an die Steuergeräte des Flugverkehrs in deiner Nähe.

5. Sobald sich jemand meldet, wirst du mit Unmengen detaillierter Fragen

Fortsetzung nächste Seite

Fortsetzung

bombardiert, und du erhältst Anweisungen, wo und wie du den nächsten Flughafen erreichst.

6 Wenn du mit niemandem Kontakt aufnehmen kannst und sofort landen musst, suche eine freie Fläche wie ein Feld oder eine Straße. Vermeide um alles in der Welt Flächen mit elektrischen Leitungen und Bäumen. Auch Gebäude bringen dich nicht weiter. Ziehe das Flugzeug langsam und ruhig herunter, und unmittelbar, bevor du den Boden berührst, ziehst du die Nase hoch, damit du hinten auf dem Hauptfahrwerk landest und nicht auf den Bugrädern.

7 Sobald du gelandet bist, suche die Drossel. Das ist der schwarze Hebel zwischen den beiden Vordersitzen von größeren Flugzeugen. Ziehe ihn komplett nach hinten. Damit nimmst du die Schubkraft aus den Treibwerken.

8 Jetzt musst du mit beiden Füßen auf die Pedale vor dir treten. So bremst du das Flugzeug ab. Stampfe nicht auf die Pedale, sonst fängt das Flugzeug an zu schleudern. Drücke einfach genau so fest, dass das Flugzeug allmählich zum Stehen kommt.

TIPP

☑ Ein wichtiges Gerät auf dem Anzeigefeld ist der Geschwindigkeitsmesser. Er befindet sich zumeist irgendwo oben links. Es braucht dich nicht so sehr zu kümmern, wie schnell du fliegst. Hauptsache, die Nadel ist im grünen Bereich, während du versuchst, Funkkontakt mit einem Profi herzustellen. Ist die Nadel über dem empfohlenen Wert, ist das Flugzeug zu schnell. D.h. ihr sinkt und du musst den Steuerknüppel zurückziehen. Ist die Nadel unterhalb von grün, steigt ihr und die Geschwindigkeit nimmt ab. Korrigiere die Nase zum Ausgleichen nach unten.

PARKOUR

Parkour ist eine Fortbewegungsart mit Elementen aus dem Kampfsport. Erfunden wurde es 1988 von dem Franzosen David Belle. Man könnte es als die Kunst des Überwindens von Hindernissen bezeichnen – und zwar buchstäblich. Helden, die Parkourtechniken anwenden, können Wände hochrennen, über Dächer springen und an schmalen Felskanten mit der Geschwindigkeit einer Katze entlangklettern. Du musst dazu nicht nur sehr sportlich sein, sondern benötigst auch die entsprechende mentale Einstellung. Ein Parkour-Held glaubt daran, dass er das Unmögliche möglich machen kann. Mit dieser Technik entziehst du dich am effektivsten einem Zugriff oder eiferst James Bond nach, der in *Casino Royale* um und über Häuser sprang, um einen Bösewicht zu fangen.

WIE'S GEHT

1 Beim Parkour gibt es nicht viele festgelegte Bewegungsabläufe, da jedes Hindernis eine einzigartige Herausforderung darstellt und jeder Mensch eine andere Physiognomie hat. Aber Schwung und Effektivität sind auf jeden Fall die wichtigsten Elemente dieser Kunst. Der Clou ist, so schnell wie möglich über Hindernisse hinweg oder um sie herum zu kommen, um dann die physikalischen Kräfte sofort für die nächste Aktion zu nutzen.

2 Du musst auch lernen, wie man die Kraft von Stößen auf den Körper umverteilt, damit du deine Beine und den Rücken schützt. Häufig wird dafür die Abrolltechnik eingesetzt. Du landest mit gebeugten Knien auf den Fußballen, überschlägst dich und berührst den Boden zunächst mit der Rückseite einer Schulter und dann wieder mit den Füßen. So fängst du den Stoß auf Füße und Beine ab und nutzt den Schwung, um gleich wieder weiterzurennen.

3 Catwalk ist eine weitere beliebte Technik im Parkour, mit der du schnell mit Händen und Füßen auf einer schmalen Kante entlanggehst. Weitere typische Bewegungsabläufe beinhalten auch Weit- und Abspringen, Fallen, Balancieren und Klettern.

3

DER
KAVALIER

Das Ideal der Ritterlichkeit ist nicht ausgestorben, es nimmt nur heute andere Formen an als früher. In unserer Zeit fühlen sich viele Frauen angegriffen, wenn du ihnen die Tür aufhältst oder die Restaurantrechnung übernimmst. Es sieht einfach zu sehr danach aus, als würde der Herr annehmen, die Dame könne nicht selbst für sich sorgen. Wundere dich also nicht, wenn eine Frau die Rollen umkehrt und für dich bezahlt. Das ist nicht das Ende des Kavaliers, sondern nur das Ende der Differenzierung nach dem Geschlecht. Heute hilft ein Held einfach jedem, der es braucht.

SEI EIN KAVALIER

Auch wenn die meisten Frauen gleiche Behandlung erwarten, werden sie es doch schätzen, wenn du ihnen spezielle Aufmerksamkeit zukommen lässt. Manche finden das altmodisch, andere passend. Und deine guten Manieren wirst du sogar noch perfektionieren müssen, wenn du deiner Herzdame begegnest. Du willst ihr deine Liebe zeigen. Doch wie?

Grundregeln eines Kavaliers

1. Halte der Dame die Türe auf. Stelle dich zur Seite und lasse sie als Erste durch.

2. Helfe ihr in den Mantel. Halte das Kleidungsstück an den Schultern und stelle dich hinter sie. Lass ihr Zeit, in die Ärmel zu schlüpfen.

3. Helfe ihr, Platz zu nehmen. Ziehe den Stuhl etwas zurück, warte, bis die Dame sitzt, und schiebe den Stuhl wieder behutsam nach vorne.

4. Stelle deinen Sitzplatz zur Verfügung. Das gilt für jede Dame sowie jede Person, die sich offensichtlich körperlich etwas schwerer tut.

5. Stehe auf, wenn eine Dame den Raum betritt oder verlässt. Das gehört sich auch bei jeder älteren oder angesehenen Person.

6. Erkundige dich, ob die Dame etwas benötigt. Sei aufmerksam.

7. Übernimm die Rechnung, wenn du die Dame eingeladen hast.

8. Verhalte dich aufrichtig.

9. Überreiche Blumen – und zwar häufig und in großer Zahl.

10. Mache ihr Komplimente, und sei es nur „großartiges Kleid" oder „reizende Frisur".

EIN STÄNDCHEN BRINGEN

Die Kunst der Serenade ist leider fast in Vergessenheit geraten – zur Schande von uns Männern, denn wenn du ein Frauenherz erobern willst, führt nichts schneller ans Ziel deiner Träume als ein Ständchen unter dem Fenster der Auserwählten. Doch denke daran, dass es sich um ein einmaliges und unvergessliches Zeichen deiner Verehrung handelt, das du nicht bei jedem Mädchen anwenden darfst, auf das du ein Auge geworfen hast.

WIE'S GEHT

1. Wähle das Begleitinstrument aus. Traditionell bietet sich hier eine Gitarre an. Es macht nichts, wenn du nicht selber spielst, du kannst auch einen Freund um Hilfe bitten. Doch der Gesang ist deine Aufgabe. Singt dein Freund, wird wahrscheinlich er das große Los ziehen.

2. Nimm vor deinem Auftritt das Haus sowie das Fenster in Augenschein – das könnte sicherheitstechnisch von Bedeutung sein. Informiere die Nachbarn und Mitbewohner, doch sorge dafür, dass die Dame deines Herzens nichts davon mitbekommt. Dein Ständchen soll ja eine Überraschung sein.

3. Übe vor deinem Einsatz! Wahrscheinlich willst du ein Lied mit romantischer Liebeslyrik zum Vortrag bringen. Schreibst du einen eigenen Song, ist das natürlich der Gipfel der heroischen Sangeskunst.

4. Trage vorzugsweise bei Abenddämmerung vor, bedenke aber auch den Terminplan der Angebeteten, damit sie bei deinem Vortrag tatsächlich zu Hause ist.

5. Wenn es so weit ist, rufe sie von deinem aus Handy an und bitte sie ans Fenster. Jetzt beginne mit deinem Ständchen und warte nicht, bis du sie siehst – so ist die Überraschung am größten.

6. Ist das Lied verhallt, darfst du auf keinen Fall einfach weggehen. Das Mindeste ist jetzt eine Einladung an sie. Oder du machst ihr gleich einen Heiratsantrag.

ROMANTISCHES DINNER

Mit Kochen lassen sich seit jeher Herzen erobern, jedoch nicht mit Hot Dogs und Pommes. Damit konntest du vielleicht als Student begeistern, jetzt gelten jedoch andere Maßstäbe und: Es kommt nicht nur aufs Essen an. Ebenso wichtig ist dein Auftreten. Echte Helden werden kaum den ganzen Abend von sich erzählen, mit offenem Mund essen und trinken, bis sie umfallen. Sie sind aufmerksam, stellen Fragen und kümmern sich um eine entspannte Atmosphäre. Du sorgst für Konversation, in der du gerne ein wenig kulinarisches Fachwissen beweisen darfst. Letzten Endes ist es deine Aufgabe, die Dame zu beeindrucken.

WIE'S GEHT

1. Ohne die richtige Vorbereitung geht gar nichts. Zunächst musst du dich für ein Menü entscheiden. Serviert werden leichte und anregende Gerichte, nichts Deftiges, das schwer im Magen liegt. Verursacht dein Essen Völlegefühl, Blähungen oder Sodbrennen, wird die Romantik schnell an ihre Grenzen stoßen. Halte auch alles überschaubar, serviere kleine Portionen, vermeide rohes Fleisch und fürchte dich nicht vor Gemüse. Auch wenn es dir fremd ist: Es ist dein Freund.

2. Dann kredenzt du den Wein. Ein romantisches Dinner kommt niemals ohne einen guten Tropfen aus, und eines der Extraklasse benötigt einen Spitzenwein. Du kannst einen Grauburgunder oder Sauvignon Blanc zum Fisch servieren, vielleicht auch einen Rosé vom Spätburgunder. Schaue dabei nicht auf den Preis. Du musst den Wein ja nicht kistenweise kaufen, es reicht, wenn du zwei, maximal drei Flaschen korrekt temperiert bereit hältst. Wage dich zum Schluss ruhig auch an einen Dessertwein.

3. Sorge für eine entspannte Atmosphäre mit dezenter Beleuchtung und leiser, jazziger Musik im Hintergrund. Kerzen sind ein Muss auf deiner Tafel, ebenso eine Vase mit Blumen, mit denen du die richtige Stimmung herbeizauberst.

4 Bevor dein Gast kommt, hast du bereits ein paar Entrees oder Salate zubereitet. Der Wein ist – wenn nötig – dekantiert, und die Musik läuft schon.

5 Du hast in der Küche alles vorbereitet, aber mit dem eigentlichen Kochen beginnst du erst, wenn sie da ist. Dabei bleibst du souverän und machst keine Hektik. Das Zubereiten ist die pure Freude. Du setzt nicht auf ihre Hilfe, wenn sie sie dir jedoch anbietet, nimmst du sie höflich an.

6 Wenn es ans Essen geht, musst du mit dem Kopf ganz bei der Sache sein. Mit das Romantischste am Dinner ist das gute Gespräch.

7 Ist abserviert, darfst du die Stimmung nicht mit dem lästigen Abwasch gefährden. Den erledigst du – vielleicht sogar mit ihr – am nächsten Morgen.

HILFE BEI EINER OHNMACHT

Kaum ein Mann weiß heute noch, wie man einer Frau wieder auf die Beine hilft, die ohnmächtig ist. Außer in Kinofilmen scheint das kaum noch vorzukommen. Passiert es aber doch, ist deine Hilfe gefragt. Technisch gesehen leidet die betroffene Person unter mangelnder Versorgung des Gehirns mit Sauerstoff, sodass sie das Bewusstsein verliert. Das kann passieren, wenn man zu wenig gegessen, getrunken oder geschlafen hat. Deine Fähigkeit, einer Frau wieder zu Bewusstsein zu bringen, könnte daher samstagsabends in einem Dance Club gefragt sein. Folgendes ist zu tun:

Was du brauchst

Kissen oder ein anderer zusammengelegter Stoff

mit kaltem Wasser befeuchtetes Handtuch

WIE MAN'S MACHT

1. Rufe einen Arzt.

2. Lege die Beine der Ohnmächtigen hoch, indem du ein Kissen oder Vergleichbares (zusammengefaltete Jacke, Tischtuch o.Ä.) unterlegst.

3. Drehe den Kopf der Person zur Seite und halte ihr ein mit kaltem Wasser befeuchtetes Handtuch an Stirn und Wangen. Halte die Kühlung aufrecht, bis der Arzt eintrifft oder die Person das Bewusstsein wiedererlangt. Normalerweise geschieht das innerhalb weniger Minuten.

4. Wenn die Person noch während deiner Versorgung wieder zu sich kommt, setze sie vorsichtig auf und lasse sie mit kleinen Schlucken Wasser trinken. Rede beruhigend auf sie ein.

5. Dann lege sie wieder hin und warte, wenn er noch nicht da ist, auf den Arzt.

DAS HERZ EINES MÄDCHENS IM STURM EROBERN

Du tanzt mit einem Mädchen einen feurigen Tango, doch ihr Herz bleibt dir immer noch verschlossen? Dann musst du dir dringend etwas anderes einfallen lassen. Das gilt auch, wenn für deine Ambitionen weder Tanzfläche noch schummriges Licht oder Geigenmusik zur Verfügung stehen. Es gibt nämlich noch eine Reihe weiterer Situationen, die neben dem bewährten Klassiker für das ersehnte Maß an Romantik sorgen.

WIE'S GEHT

1. Überrede sie zu einem Bummel durch den botanischen Garten. Nimm ein Buch zur Hand, das einige der Blumen und Pflanzen beschreibt, an denen ihr wahrscheinlich vorbeikommt.

2. Lade sie zu einem gemütlichen Abend am offenen Kamin ein. Serviere ihr einen heißen Punsch und erzähle ihr von deinen Träumen.

3. Führe sie in ein Museum oder verbringe mit ihr einen Vormittag in einer Kunstausstellung. Dann lade sie zum Mittagessen ein und unterhaltet euch über die Bilder.

4. Baue Schilder aus Holz und Pappkarton und beschrifte sie mit Liebesbotschaften. Spicke ihren Weg zur Arbeit mit den Bekundungen deiner Leidenschaft. Du musst sie so verfassen, dass deine Angebetete versteht, dass sie genau für sie verfasst wurden.

5. Suche eine Agentur, die gesungene Telegramme verschickt, und sende ihr auf diese Weise ein Lieblingsgedicht oder eine besondere Botschaft.

6. Koche ein romantisches Dinner für zwei. Kaum etwas funktioniert besser, besonders wenn ihr das Essen gemeinsam zubereitet.

7. Lade sie ins Theater ein. Ganz oben auf der Hitliste romantischer Stücke: Romeo und Julia.

TANGO TANZEN

Willst du wirklich lernen, Tango zu tanzen, geht das nicht nach einem Lehrbuch. Der Tanz ist kompliziert, und du musst auf viele Einzelheiten achten – deshalb ist er ja auch etwas für Helden. Du brauchst auf alle Fälle einen Lehrer (oder zumindest ein gutes Lehrvideo), und dann musst du üben, üben, üben. Deshalb sind hier ein paar Tipps, damit du dich auf das Thema einstellen kannst und schon einmal weißt, worauf es ankommt, bevor du loslegst.

WIE'S GEHT

1. Du wirst der Dame sicher einige Male auf die Zehen treten und viele Fehler machen. Du (und auch sie) brauchst also ein gutes Durchhaltevermögen. Vielleicht tröstet es dich, dass nur wenige Männer diese Herausforderung annehmen, das zeichnet dich schon einmal aus.

2. Suche dir eine talentierte Partnerin. Was du nicht gebrauchen kannst, ist eine Dame, die dazu neigt, zu führen. Das kann bei diesem Tanz niemals funktionieren. Du musst führen, ohne Wenn und Aber.

3. Du brauchst Haltung. Der sanfte Bewegungsfluss, der verborgene Schritt auf den Fußballen – nicht den Zehen – bestimmt dein Erscheinungsbild. Du wirst es spüren, wenn die Haltung stimmt. Was sich gut anfühlt, sieht auch gut aus.

4. Die Armhaltung muss gerade und sicher sein. Gib der Partnerin einen festen Halt. Du darfst sie jedoch nicht in die Mangel nehmen. Wenn sie Angst um ihre Knochen hat, wird sie das kaum in Tanzlaune bringen.

5. Achte auf den Verkehr. Es können sich Paare auf dem Parkett befinden, die unberechenbare Bewegungen machen. Sei auf der Hut vor Tänzern, denen das Temperament durchgeht, und vermeide eine Kollision mit ihnen.

DER PERFEKTE GASTGEBER

Als Gastgeber einer Party bist du dafür verantwortlich, dass an diesem Abend alles wie am Schnürchen läuft. Du hast viele Freunde an einem Ort versammelt und Essen und Getränke besorgt. Doch jetzt geht es erst richtig los: Du musst dafür sorgen, dass die Gespräche angenehm und lebendig bleiben, dass die Musik immer passt und Gläser und Teller nie leer werden. Wenn du das alles gelassen hinbekommst und immer zur Stelle bist, wenn du gebraucht wirst, gelingt dir eine Meisterleistung, von der man noch Wochen später erzählen wird.

Eine gelungene Party zeichnet sich dadurch aus, dass sie ab einem bestimmten Punkt eine Eigendynamik entwickelt und der Gastgeber dann nur noch das Chaos moderieren muss, und zwar mindestens bis Mitternacht. Doch so ein einzigartiger Abend kann nur gelingen, wenn du Vorarbeit geleistet hast. Dein Kühlschrank muss randvoll mit Getränken sein (du solltest das Bier mindestens zwei Tage im Voraus besorgen). Für das leibliche Wohl sorgst du, indem du im ganzen Haus Schalen verteilst, in denen Snacks anregend dargeboten werden. Überprüfe auch, ob dein Erste-Hilfe-Set komplett ist, und lege es für den Notfall bereit.

Sobald die Gäste eintreffen, nimm ihnen die Garderobe ab und biete ihnen einen Drink an. Das ist noch leicht. Komplizierter wird es, wenn du dir alle Namen einprägst. Und besonders anspruchsvoll ist es, wenn du dir zu jedem Gast eine Kleinigkeit merkst, damit du zu Gesprächen animieren kannst, wenn du Fremde miteinander bekannt machst. „Tina, das ist Nico", könntest du zum Beispiel sagen. „Nico konnte vor Kurzem einen Lebensmüden mit guten Worten vom Sprung abhalten." Das sorgt eine Weile für Gesprächsstoff und du kannst dich anderen Gästen zuwenden.

Vielleicht musst du aber auch einmal bestimmte Leute voneinander trennen. Wenn du siehst, dass jemand einen Gast in Beschlag nimmt und unablässig auf ihn einspricht, musst du einschreiten und die Belagerung aufheben. Bringe beide unter die Leute, damit sich alle amüsieren können.

DIE ZUBEREITUNG EINES PERFEKTEN MARTINI

Auch mit der formvollendeten Zubereitung eines Martini kannst du eine Heldentat vollbringen. Für den richtigen Konsum gilt die Faustregel: Bevor du Nachbars Katze vom Baum rettest, trinke nicht mehr als zwei Martini; bevor du Tango tanzt, mindestens zwei.

Was du brauchst

Gin (ersatzweise Wodka)

trockenen Wermut

Cocktailshaker

grüne Oliven

WIE MAN'S MACHT

1. Fülle Eis in einen Cocktailshaker und gieße Gin darüber. Der Gin wird gerührt, nicht geschüttelt, damit er sich nicht eintrübt. Hole den Wermut aus dem Regal.

2. Wirble einen Hauch Wermut ins Glas und schütte den Überschuss wieder aus. Du brauchst gerade einmal so viel, dass der Gin seine neutrale, wässrige Note verliert.

3. Seihe den Gin ins Glas.

4. Füge zwei Oliven hinzu. Jetzt kannst du den Martini servieren.

WENN DEINE BEGLEITUNG ZU VIEL GETRUNKEN HAT

Wenn ein Date in einen Streifzug durch die örtlichen Clubs ausartet und die Dame mehr trinkt, als sie verträgt – und damit meine ich wirklich die Sorte Rausch, die am nächsten Morgen auf der Parkbank endet –, dann musst du dich um sie kümmern. Du wirst sie nach Hause und ins Bett bringen (allein!), damit sie abgesehen von ihrem Stolz an nichts Schaden nimmt. Vielleicht wiederholst du das Rendezvous nicht, doch das ist kein Grund, sie in der Gosse landen zu lassen. Oft springt bei solchen Rettungstaten nichts für einen Helden heraus, aber er tut es trotzdem.

WIE'S GEHT

1. Wenn du merkst, dass die Sache aus dem Ruder läuft, musst du die Dame mit dem Auto oder mit dem Taxi nach Hause fahren. Wenn das noch während einer Dinnerparty passiert, gehst du sehr taktvoll vor. Die anderen Gäste werden mitbekommen, was mit deiner Begleitung los ist, und womöglich sogar darüber lästern, aber du darfst auf keinen Fall in den Spott einstimmen. Behalte einen kühlen Kopf und erkläre, sie muss sich zu Hause erholen.

2. Wenn sie mit dem Parkwächter tanzt, sage beiden höflich, aber bestimmt, dass es Zeit ist aufzubrechen. Wenn er versucht, dir entgegenzutreten, wende dich ab und vermeide jede Konfrontation (siehe S. 63). Du behältst alle Kommentare für dich und ziehst mit ihr ab. Es geht nur darum, sie nach Hause zu bringen.

3. Halte ihr Haar zurück, wenn wie sich übergibt. Auch wenn du nicht mehr mit ihr ausgehen solltest, wird sie deine Fürsorge zu schätzen wissen.

4. Wenn sie einen Annäherungsversuch macht, sage einfach, das sei jetzt nicht der richtige Zeitpunkt. Wenn ihr bei ihr zu Hause ankommt, sorge dafür, dass sie tatsächlich in ihre Wohnung oder ihr Haus geht. Dann verabschiedest du dich an der Haustür und gehst.

JEMANDEM ÜBER DIE STRASSE HELFEN

Manchmal verbirgt sich hinter der kleinsten Geste die größte Tat. Das liegt nicht unbedingt am Schwierigkeitsgrad oder an der damit verbundenen Gefahr. Wenn ein älterer Mensch eine große, befahrene Straße überquert, kann das für ihn eine fürchterliche Stresssituation sein. Hilft ihm dann ein junger Mann und trägt die schwere Einkaufstasche, wirkt das wie eine Erlösung. Es sind die kleinen Dinge, die den Helden des Alltags ausmachen.

WIE'S GEHT

1. Wenn du dich jemandem auf der Straße näherst, sei stets höflich und zuvorkommend. Biete deine Hilfe an und greife nicht einfach nach der Tasche, das könnte missverstanden werden.

2. Während du mit der Person auf Grün wartest, kannst du erzählen, was passiert, wenn die Ampel schon wieder auf Rot umschaltet, während ihr noch auf der Straße seid. Sage: „Machen Sie sich keine Sorgen, wenn es wieder Rot wird und die Autos anfahren wollen. Ich werde sie aufhalten, bis wir drüben sind."

3. Bleibe beim Überqueren der Straße auf der Höhe der hilfsbedürftigen Person und gehe nicht voraus. Biete deinen Arm an, wenn sie Halt benötigt.

4. Wenn ihr es nicht während einer Grünphase auf die andere Seite schafft, gib den Autofahrern ein Zeichen, dass es noch etwas dauert. Niemand wird euch umfahren, wenn du Sichtkontakt mit den an der Ampel Wartenden hältst und die Hand oben lässt.

5. Wenn ihr auf der anderen Seite seid, erkundige dich bei der Person, ob sie jetzt wieder alleine zurechtkommt. Wenn ja, gehe wieder deines Weges.

SEI EIN GUTER SPORTLER

Sport ist ein Spiegel des Lebens. Gelingen dir Heldentaten auf dem Sportplatz, werden dir diese Erfahrungen auch ein guter Lehrer fürs Büro oder in der Partnerschaft sein. Geduldiges Training, harte Anstrengung und Respekt für die Menschen, mit denen du dich misst, sind die Felder, auf denen du dich in einem freundschaftlichen Wettbewerb stark machst. Es geht eben nicht darum, um jeden Preis zu gewinnen. Und wenn du mit dieser Haltung gewinnst, fühlt es sich noch besser an.

WIE'S GEHT

1. Bevor es los geht, muss jeder die Regeln genau verstanden haben.

2. Wähle einen Gegner, der dir körperlich ebenbürtig ist.

3. Schau nicht tatenlos oder gar triumphierend zu, wenn sich jemand aus dem gegnerischen Team verletzt. Leiste Hilfe.

4. Wenn deine Gegner eine gute Leistung bringen, lass sie das wissen. Du musst das nicht übertreiben; ein einfaches „Gutes Spiel!" trifft den richtigen Ton.

5. Bei einem Wettstreit steigt der Adrenalinspiegel, das kann Menschen streitsüchtig machen. Halte deine Gefühle unter Kontrolle. Es ist nur ein Spiel.

6. Gratuliere stets deinem Gegner, egal ob du gewonnen oder verloren hast.

SUCHE KEINEN STREIT

Viele Leute stellen sich einen Helden als großen und starken Kerl vor, der jederzeit zum Kampf gegen das Böse bereit ist. Doch das trifft nicht den Kern. Du musst als Held kein grobschlächtiger Muskelprotz sein, und ein Kampf gehört auch nicht immer dazu. Insbesondere, wenn dir dein Gegner körperlich überlegen ist. Wenn du dich mit so einem Kerl prügelst, ist das nicht heroisch, sondern dumm. Natürlich, wenn es um Leib und Leben geht, ist einem Helden kein Gegner zu schwer, aber wenn du einer Konfrontation aus dem Weg gehen kannst, ist das meist die beste Lösung. So beißt du dir auf die Zunge und gewinnst dabei:

WIE'S GEHT

1. Rege dich nicht über jede Kleinigkeit auf. Es gibt immer Leute, die nerven. Solche Nebensächlichkeiten sollten dich kalt lassen.

2. Halte dich zurück. Du wirst immer wieder auf unangenehme Zeitgenossen treffen, die dir gegen den Strich gehen. Lasse es dir aber nicht anmerken. Geduld ist eine der schwierigsten Tugenden.

3. Wenn du etwas sagen möchtest, denke, bevor du redest. Mache dir bewusst, in welcher Situation die Person ist, die dich gerade ärgert. Kommt es irgendwann doch zu einer Konfrontation, kannst du kühl darlegen, inwiefern sie sich falsch verhält.

4. Wenn ein Konflikt zu einem heftigen Wortwechsel führt, überlege dir genau, was du sagst. Im Eifer des Gefechts lässt man sich schon mal zu Äußerungen hinreißen, die man später bereut. Wenn dir das bei einem Freund passiert, ist das nicht gut für deine Sozialbeziehungen. Wenn du entsprechende Worte an eine niederträchtige Person richtest, die obendrein noch einen Bizeps von der Größe deiner Oberschenkel hat, kann das sogar negative Auswirkungen auf deine Gesundheit haben.

4

KATASTROPHEN-HILFE

Niemand freut sich über eine Katastrophe, auch wenn es Männer gibt, denen es Vergnügen bereitet, sofort aufzuspringen und Menschen in der Not zu helfen. Manche missdeuten diese Haltung freilich als Freude an Chaos und Zerstörung, doch das Gegenteil trifft zu. Helden wissen, dass Unfälle und Katastrophen passieren können, und sie sind mit Recht stolz darauf, dass sie Leben retten, indem sie nach Kräften für Ordnung sorgen, wenn diese bedroht oder gar in Auflösung begriffen ist.

ERSTE HILFE

Eine ganz wesentliche Aufgabe im Katastrophenfall ist die Erste Hilfe. Du kannst als Held zur allgemeinen Beruhigung beitragen, wenn du weißt, wie man einen Schwerverletzten behandelt. Damit rettest du nicht nur jemandem das Leben, sondern entlastest zugleich alle Umstehenden und gibst ihnen das Gefühl, dass da einer ist, der weiß, was zu tun ist. Deshalb ist es ratsam, dass du immer einen Erste-Hilfe-Kasten in der Nähe hast, sei es im Haus oder im Auto. Natürlich wirst du dir keine unfallchirurgische Grundausstattung zusammenstellen; es reicht vollkommen aus, wenn du auf eine normale Basisausrüstung zugreifen kannst.

Das gehört in jeden Verbandskasten

Anleitung in Erster Hilfe	Blasenpflaster
Heftpflaster	Aspirin, Paracetamol oder Ibuprofen
Mullbinden und Kompressen	Schlangenbiss-Kit
Dreiecktuch	antiseptische Salbe
elastische Binde	Rasierklinge
Tapeverband	

KNOCHENBRÜCHE

Knochenbrüche kommen häufiger vor, als du vielleicht denkst. Dabei kann schon eine Fraktur des kleinen Fingers heftigste Schmerzen verursachen. Mit ein paar Grundkenntnissen in Erster Hilfe verhinderst du Schlimmeres, bis eine professionelle ärztliche Versorgung gewährleistet ist.

Was du brauchst

Mullbinden und Kompressen

zwei steife Gegenstände (Bretter, Stöcke) als Schienen

Schnur, Seil, Gurt oder Stoffstreifen

WIE MAN'S MACHT

1. Zweifelsfrei lässt sich ein Knochenbruch zumeist nur auf einem Röntgenbild nachweisen. Dennoch muss man einen Verletzten bereits bei einem Verdacht auf eine Fraktur so versorgen, als stünde sie fest.

2. Gebrochene Knochen können die Haut durchstoßen. In solch einem Fall gilt: Halte dein Mittagessen zurück und berühre die Verletzung nicht (Infektionsgefahr!). Eventuell musst du jedoch die Blutung stoppen, indem du eine sterile Kompresse fest auf die Wunde presst.

3. Schiene die Gliedmaße, und zwar seitlich zur Fraktur. Die Stützen müssen länger sein als die betroffene Gliedmaße.

4. Suche irgendetwas zum Binden (Schnur, Seil, Gurt oder Stoffstreifen) und wickele es um die Schienen, sodass sie eng anliegen. Ziehe jedoch nicht so fest, dass du das Blut staust.

5. Du testest die Festigkeit, indem du zwei Finger unter die Umwicklung legst. Wenn sie nicht darunterpassen, lockere den Verband.

SCHUSS- UND STICHVERLETZUNGEN

Schuss- und Stichverletzungen kommen zum Glück nicht allzu häufig vor,
aber wenn, dann musst du sehr schnell handeln.

Was du brauchst

sauberes Tuch

Schiene

Sterilverband

WIE MAN'S MACHT

1. Wenn jemand in deinen Vorgarten taumelt mit einem Messer in der Seite oder einer Glasscherbe im Arm, ist vielleicht dein erster Impuls, zurück ins Haus zu rennen. Aber du willst ja ein Held sein! Dein zweiter Impuls dürfte dann sein, das Objekt herauszuziehen. Doch auch das solltest du sein lassen. Manchmal verhindern diese Fremdkörper eine noch schlimmere Blutung, sodass die Lage durch ein Entfernen noch ernster würde.

2. Setze einen Notruf ab und versuche, das verletzte Körperteil nach oben zu legen, um den Blutverlust zu reduzieren.

3. Ist in der Schuss- oder Stichverletzung kein Fremdkörper von außen zu sehen, versuche den Blutfluss zu stoppen oder wenigstens zu reduzieren, indem du Druck auf die Stelle ausübst, und zwar mit einem sauberen Tuch, einem Sterilverband, einem Hemd oder etwas dergleichen – zur Not nimmst du die bloße Hand.

4. Versuche, die immer noch hochgelegte Wunde und ihre Umgebung mit einem Mullverband ruhigzustellen. Ist sie an einer Gliedmaße, mache eine Schiene. Das erleichtert die Blutgerinnung und lässt die Sache nicht noch schlimmer werden.

5 Lässt sich die Blutung nicht stoppen, kommt möglicherweise das Abbinden in Betracht. Das geschieht herzseitig zur Wunde mit einem Stoffband oder Gurt. Man zieht so fest, dass die Blutung aufhört. Allerdings darf diese Maßnahme nur im äußersten Notfall angewendet werden, wenn es um das pure Überleben des Verletzten geht. Denn durch das Abbinden verursacht man nach ungefähr zehn Minuten bleibende Schäden an den Gefäßen und/oder Nervenbahnen mit der Folge, dass die betroffene Gliedmaße amputiert werden muss.

VERBRENNUNGEN

Eine Verbrennung kann ganz schnell passieren. Du hast eine schöne Frau eingeladen, kochst – und bist etwas nervös. Und schon passiert ein Unfall. Oder du kommst bei deinem Einsatz in dem brennenden Haus nicht ganz unversehrt davon (siehe S. 86). Ein Held muss demnach auch Brandwunden versorgen können.

Was du brauchst	W I E M A N ' S M A C H T
eine Schüssel mit kaltem Wasser	**1** Halte deine Hand sofort in eine Schüssel mit kaltem Wasser.
Schiene	**2** Lasse ständig kaltes Wasser aus dem Hahn nachlaufen.
Sterilverband	**3** Halte ein nasses Tuch auf die verbrannte Stelle, bis der Schmerz nachlässt.
	4 Mit einem trockenen Mull- sowie Tapeverband schützt du die Brandwunde vor Irritationen durch unbeabsichtigte Berührungen.

SCHLANGENBISSE

Wenn du in Gegenden kommst, in denen es Schlagen gibt, empfiehlt es sich, stets ein Schlangenbiss-Kit bei sich zu haben, damit du immer das darin enthaltene Absauggerät zur Hand hast. Schneide die Wunde nicht auf, wie es im Western gemacht wird. Sonst musst du neben dem Schlangenbiss auch noch eine Schnittverletzung behandeln.

Was du brauchst

Schlangenbiss-Kit

warmes Seifenwasser

Verbände

WIE MAN'S MACHT

1. Bringe die gebissene Person wenn möglich sofort zu einem Arzt oder ins Krankenhaus.

2. Erreichst du keinen Arzt, mache die Stelle frei und wasche sie mit warmem Seifenwasser aus.

3. Lasse die Wunde ca. 30 Sekunden lang bluten, damit etwas von dem Gift ausgespült wird.

4. Lege die Verbände zehn Zentimeter oberhalb und unterhalb des Bisses an, damit sich das Gift langsamer ausbreitet. Binde aber nichts ab – der Blutfluss darf nicht unterbrochen werden. Ein Finger sollte noch unter den Verband kommen.

5. Setze ein Absauggerät auf den Biss und ziehe das Gift heraus, bis nichts mehr aus dem Biss austritt. Wenn das Gerät nicht über beide Zahnabdrücke passt, setzte an beiden Stellen getrennt an und sauge jedes Mal zwei Minuten.

6. Bedecke die Wunde mit einer Kompresse und einem Klebepflaster. Stelle die betroffene Region ruhig, um die Schwellung zu reduzieren, und platziere die Wunde tiefer als das Herz oder auf gleicher Höhe.

7. Suche sofort medizinische Hilfe auf.

EIN FEUER LÖSCHEN

Ein Feuer kann die harte Arbeit zunichte machen, die ein Mann an seinem Haus geleistet hat, und es kann sein gesamtes Hab und Gut zerstören. Um es zu ersticken, bevor es eine so zerstörerische Kraft entfalten kann, musst du es seiner drei Nahrungsquellen berauben: Luft, Brennstoff und Hitze.

WIE MAN'S MACHT

1. Ist Müll, ein Bodenbelag oder Holz in Brand geraten, kannst du mit Wasser löschen.

2. Steht ein Elektrogerät oder Speisefett in Flammen, nimm eine Decke oder Sand, um das Feuer zu ersticken.

3. Feuerlöscher werden nach Größe und Feuertyp eingestuft: Brandklasse A betrifft feste Stoffe wie Holz, Papier oder Textilien; Klasse B bezieht sich auf flüssige oder flüssig werdende Stoffe wie Benzin oder Teer; Klasse C kennzeichnet Brände von Gasen, Klasse D von Metallen und Klasse F Brände von Speiseölen und -fetten.

4. Ein Feuerlöscher wird bedient, indem man die Löschdüse auf den Brandherd richtet und die Auslösevorrichtung betätigt.

5. Schwenke die Löschdüse auf und ab und ziele stets auf die Basis des Feuers, bis dieses erloschen ist.

TIPP

✓ Feuerlöscher sind mit Druckanzeigen ausgestattet, die regelmäßig überprüft werden müssen, damit immer genug Druck vorhanden ist, um das Löschmittel herauszupressen. Wird der Löscher verwendet, verliert er den gesamten Druck und muss ersetzt werden.

DER HEIMLICH-HANDGRIFF

Wenn du ein Hähnchen grillst, ist es ganz gewiss nicht deine Absicht, dass einer deiner Gäste daran erstickt. Gerät aber jemand in solch eine missliche Lage, gibt es seit 1974 eine narrensichere Methode von Henry Heimlich. Sie ist zum internationalen Standard geworden. Wenn jemand keine Luft mehr bekommt, kann er nicht mehr reden. Er wird aber unwillkürlich mit den Händen an seinen Hals fassen. Dann rettest du ihm mit dem Heimlich-Handgriff das Leben – und er wird dir ewig dankbar sein.

Was du brauchst

zwei freie Hände

ein Gefühl der Dringlichkeit

WIE MAN'S MACHT

1. Stelle dich hinter deinen unglücklichen Gast und lege deine Arme um dessen Taille.

2. Mache mit einer Hand eine Faust und lege deren Daumenseite genau unter den Brustkorb.

3. Halte die Faust mit der anderen Hand und ziehe ruckartig nach hinten und oben, also in den Bauchraum. Es kommt dabei auf den Stoß der Hände an. Die Arme dürfen nicht den Brustkorb eindrücken.

4. Damit sollte das störende Objekt aus der Luftröhre gepresst werden. Wenn nicht, wiederhole die Prozedur, bis die Person wieder frei atmen kann.

WAS MAN TUN UND LASSEN SOLLTE

[X] Quetsche nicht den Brustkorb, sonst bricht am Ende auch noch eine Rippe.

[X] Schlage dem Opfer nicht auf den Rücken.

SELBSTRETTUNG

 Wenn es dich selbst erwischt hat und du allein bist, folge denselben Anweisungen. Alternativ kannst du dich auch über eine Stuhllehne oder Tischkante beugen und auf diese Weise in deinen Bauch stoßen, bis die Atemwege frei sind.

HINWEIS

 Der Heimlich-Handgriff lässt sich auch zur Rettung Ertrinkender einsetzen. Lege das Opfer auf den Rücken und lege den Kopf zur Seite, damit das Wasser abfließen kann. Lege deine Hände übereinander und führe den Ballen der unteren Hand zum Bauch, und zwar genau unterhalb des Brustkorbes. Strecke die Ellbogen durch und stoße nach innen und oben in den Bauchtraum, bis das Wasser vollständig aus dem Mund gelaufen ist. Erlangt das Opfer immer noch nicht das Bewusstsein und atmet nicht, mache eine Herz-Lungen-Massage, bis Hilfe eintrifft.

UNDICHTE GASLEITUNG

Ein Gasleck ist oft die Folge anderer Katastrophen und kann gefährlich sein. Erdgas ist zwar nicht giftig, kann sich aber entzünden, wenn Funken oder Feuer entstehen. Bei Gasgeruch musst du Folgendes tun:

WIE'S GEHT

1. Lösche jedes Feuer und mache alle Zigaretten aus. Entzünde keine Streichhölzer und benutze keine Elektro-Geräte, da sie Funken verursachen könnten.

2. Rufe die Feuerwehr oder das Gaswerk an und melde den Gasgeruch.

3. Stelle alle Gasgeräte ab und achte darauf, dass auch keine Zündflamme mehr brennt.

4. Sorge für Durchlüftung, indem du alle Fenster und Türen öffnest. Das verringert die Gefahr von Gasansammlungen. Gehe bei starkem Gasgeruch durchs Haus und bringe alle Leute heraus. Die Türen bleiben offen.

5. Hast du den Verdacht, dass immer noch Gas austritt, nimm einen passenden Schraubenzieher und drehe das Hauptventil mit einer Viertelumdrehung zu. Es befindet sich am zuführenden Rohr des Gaszählers. Der Drehhebel am Ventil sollte senkrecht zur Leitung stehen. So ist die Zufuhr unterbrochen.

6. Verlasse das Anwesen und warte auf Hilfe. Fühlt sich jemand schlecht, könnte es sich um eine Kohlenmonoxydvergiftung handeln. Rufe den Krankenwagen.

TIPPS

✓ Das Feuer von Zündflammen und am Hauptbrenner von Heizungsanlagen sollte stets blau sein. Ist die Flamme gelb oder rot, stimmt etwas nicht. Rufe den Notdienst.

✓ Lasse alle Gasgeräte regelmäßig warten.

SICHERHEITSMASSNAHMEN BEI EINEM ERDBEBEN

Pro Jahr gibt es durchschnittlich 18 größere Erdbeben – sie haben eine Stärke über 7,0 auf der Richterskala. Insbesondere wenn du in einem besonders erdbebengefährdeten Gebiet lebst, solltest du auf den Ernstfall vorbereitet sein und wissen, wie man sich optimal schützt.

WIE'S GEHT

1. Wenn du dich in einem Haus befindest, suche Zuflucht unter einem stabilen Möbelstück und harre dort aus. Findest du nichts Geeignetes, werfe dich auf den Boden, schütze deinen Kopf mit den Armen und kauere dich in einer zum Hausinneren gelegenen Zimmerecke hin.

2. Halte dich von Fenstern, Türen, Wänden, Leuchten, Möbeln oder anderen Gegenständen fern, die umfallen und dich verletzen könnten. Ein Türdurchgang bietet nur dann einigermaßen Schutz, wenn er sich in einer tragenden Wand befindet.

3. Bleibe im Haus, bis die Erschütterungen vorüber sind und du sicher nach draußen gelangen kannst. Benutze auf keinen Fall einen Lift.

4. Befindest du dich während eines Erdbebens im Freien, suche einen Platz in sicherem Abstand zu Gebäuden, Bäumen und Stromleitungen. Werfe dich zu Boden und warte das Ende der Erdstöße ab. Am gefährlichsten ist es in unmittelbarer Nähe von Außenwänden, Fenstern oder vor Türen, durch die Menschen in Panik herauslaufen könnten. Die meisten Verletzungen entstehen durch einstürzende Wände, geborstenes Glas und herabstürzende Gegenstände.

5. Befindest du dich in einem Auto, halte abseits des Verkehrs an. Bleibe im Fahrzeug. Nach den Erschütterungen musst du Brücken, Rampen und andere Straßenverläufe meiden, die beschädigt sein könnten.

EINE FLUT MEISTERN

Seit Jahrtausenden bedeuten Überschwemmungen für den Menschen Segen und Fluch zugleich. Die Überflutungen des Nils in Ägypten machten dessen Ufer zum fruchtbarsten Ackerland der Menschheitsgeschichte. Da jedoch viele Städte in Hochwassergebieten entstanden, wurden die Fluten auch zum Problem. Der Mensch musste gegen die Naturgewalt kämpfen, und oft genug war er unterlegen. Selbst die dramatischsten Rückschläge hielten ihn jedoch nicht davon ab, weiterhin Flüsse zu begradigen und ausgeklügelte Deichanlagen, Dämme, Gräben und Entwässerungssysteme zu errichten. Doch nach wie vor ist das Wasser immer wieder stärker als der Mensch. Hörst du im Radio eine Vorwarnung, musst du mit einer Flut rechnen. Sprechen die Behörden eine Hochwasserwarnung aus, ist eine Flut bereits eingetreten und wird bald auch deine Gegend betreffen.

W I E ' S   G E H T

1 Hörst du eine Vorwarnung, halte dich über Radio oder Fernsehen auf dem Laufenden.

2 Sichere dein Haus. Deponiere wichtigen Hausrat und Wertgegenstände in einem höher gelegenen Stockwerk oder wenigstens auf hohen Ablagen.

3 Nun bereite dich auf eine Evakuierung vor. Betanke den Wagen und lege deine Notfallausrüstung zurecht.

4 Wenn noch Zeit ist, kannst du dein Haus mit Sandsäcken schützen. Zwei Menschen befüllen und positionieren in einer Stunde 100 Säcke. Das ergibt einen sechs Meter langen Wall von 30 cm Höhe.

5 Wenn Wasser in deine Gegend einbricht, bleibe ruhig. Steigt der Pegel sehr schnell, musst du rasch in ein höher gelegenes Gebiet auszuweichen, sonst ist es zu spät. Den richtigen Zeitpunkt musst du auch ohne offizielle Anweisungen erkennen. Vergiss nicht, deine Notfallausrüstung mitzunehmen.

6 Bevor du aufbrichst, musst du alle Sicherungen herausdrehen bzw. abschalten und die Stromstecker der Geräte ziehen, da ein Kurzschluss Feuer verursachen kann. Aber Achtung: Berühre keine elektrischen Geräte, wenn du nass bist oder im Wasser stehst!

7 Wenn du dein Haus zu Fuß verlässt, gehe nicht durch fließendes Wasser. Bereits bei einer Tiefe von 15 cm riskierst du zu stürzen. Vermeide auch Entwässerungsgräben, denn hier können höhere Fließgeschwindigkeiten auftreten. Insbesondere Kinder laufen Gefahr, mitgerissen zu werden.

8 Wenn du mit dem Auto unterwegs bist, bleibe auf Hauptstraßen und fahre möglichst in der Mitte, wo die Straße am höchsten ist. Vermeide Neben-straßen und Unterführungen, die unter Wasser stehen – du weißt nicht, wie tief es steht. Wenn du durch flaches Wasser fahren musst, bewege dich lang-sam, aber entschieden voran. Nimmst du deinen Fuß vom Gaspedal, kann Wasser durch den Auspuff in den Motor kommen und ihn abdrosseln. Steigt die Flut um dein Auto an, musst du es verlassen und ein höher gelegenes Are-al aufsuchen. Du könntest sonst mitsamt deines Fahrzeugs weggespült werden.

STROMAUSFALL!

Suchen ein Erdbeben oder eine Flut eine Region heim, verschärfen auch oft Stromausfälle die ohnehin schon angespannte Lage. Wie bei den meisten Katastrophen hilft auch hier eine gute Vorbereitung. Jetzt wirst du die Kerzen und Taschenlampen in deiner Notfallausrüstung ganz besonders schätzen. Sitzt du so ausgerüstet mit anderen Personen im Dunkeln fest, ist es besonders leicht, Heldenhaftes zu leisten.

WIE'S GEHT

1. Befindest du dich plötzlich im Dunkeln, schaue nach, ob die Nachbarn noch Strom haben. Ist dies der Fall, kann es an einem ausgelösten Leitungsschutzschalter oder einer durchgebrannten Sicherung liegen. Veranlasst du jetzt eine Evakuierung deiner Nachbarschaft, dürfte das deinen Ruf als Held ramponieren. Halte stets Ersatzsicherungen und eine Taschenlampe bereit, so lässt sich solch ein Malheur vermeiden.

2. Stellst du fest, dass auch bei deinen Nachbarn kein Licht mehr brennt, schalte alle Geräte und Lampen ab. Nur ein Licht lässt du eingeschaltet, damit mit du sofort merkst, wenn der Stromausfall vorüber ist.

3. Kümmere dich um ältere Personen in deiner Umgebung, die bei einem schweren Unwetter Betreuung brauchen.

4. Halte einen Vorrat an Holzkohlebriketts oder Propangas für deinen Gartengrill bereit, damit du kochen kannst. Achte immer auf ausreichende Belüftung – betreibe das Gerät im Freien.

5. Vermeide nach Möglichkeit überflüssige Fahrten, insbesondere mit dem Auto. Wenn auch die Ampeln ausgefallen sind, kann es gefährlich werden.

6. Öffne Kühlschrank und Tiefkühltruhe nur, wenn es absolut notwendig ist. Beide können über Stunden kalt bleiben und Nahrung genießbar halten, wenn du sie nicht gerade für einen romantischen Snack bei Kerzenlicht öffnest und minutenlang nach den Leckereien durchforstest, die irgendwo ganz hinten liegen.

WIE MAN EVAKUIERT

Evakuierungen sind eine ernste Angelegenheit – und ein organisatorischer Albtraum. Die lokalen Behörden fordern die Bevölkerung nur dann auf, ihre Häuser und Städte zu verlassen, wenn die Lage wirklich ernst ist. Zum Glück gibt es meist Vorwarnzeiten, bevor dann tatsächlich der Katastrophenfall eintritt. Also kein Grund zur Panik. Die Maßnahmen müssen rasch, aber ohne Hektik durchgeführt werden. Jetzt zahlt es sich aus, wenn du eine Notfallausrüstung zusammengestellt hast. Droht ein Unheil, schalte einen lokalen Radio- oder Fernsehsender ein. Wenn die Behörden eine Evakuierung aussprechen, folge den Anweisungen unverzüglich.

WIE'S GEHT

1. Wenn du vor der endgültigen Aufforderung zur Evakuierung noch einige Stunden Zeit hast, überprüfe deine Notfallausrüstung und stelle die Funktionstüchtigkeit der gesamten Ausstattung sicher. Dann rufe alle Personen aus der Familie und Nachbarschaft, die evakuiert werden müssen, in einem Haus zusammen.

2. Kündige dich an deinem Zielort an, nehme Reservierungen vor und sorge dafür, dass man auf eure Ankunft vorbereitet ist.

3. Hast du nach diesen Maßnahmen noch Zeit, sichere dein Haus, indem du größere Gegenstände aus dem Garten entfernst, die umherfliegen und Schaden verursachen könnten. Stelle dann Strom und Wasser ab und schütze die Fenster, indem du Sperrholzplatten auf den Rahmen anbringst.

4. Trage Fernsehgeräte, Computer, Stereoanlagen und weitere elektronische Geräte in die oberen Stockwerke und deponiere sie in sicherem Abstand zu den Fenstern, damit sie bei Hochwasser oder Sturm nicht beschädigt werden.

5. Wenn das Signal zum Verlassen der Häuser gegeben wird, nimm deine Notfallausrüstung und gehe!

KÜHNE
RETTUNGS -
TATEN

Rettungsaktionen sind für einen Helden etwas zweischneidige Angelegenheiten. Einerseits sind sie genau das, worauf er immer gewartet hat. Andererseits begibt er sich selbst in Gefahr, verletzt, vermisst oder sogar getötet zu werden, wenn er in ein brennendes Gebäude rennt, ins Meer springt, um ein gekentertes Boot aufzurichten, oder wenn er jemanden aus dem Wasser zieht, der auf dünnem Eis eingebrochen ist. Aus diesem Grund muss ein Held nachdenken, bevor er handelt. Oder er liest zumindest dieses Buch, damit er sich professionell verhält, wenn der Ruf an ihn ergeht.

SO HOLT MAN EINE
KATZE VOM BAUM

Einem wahren Helden ist keine Aufgabe zu groß – aber auch nicht zu klein. Es kommt nur darauf an, dass jemand seine Hilfe benötigt. Auf keinen Fall kann ein Held Feierabend machen, bevor er nicht die altersschwache Katze seiner Nachbarin aus den Wipfeln der stattlichen Eiche hinterm Haus geholt hat. Die Dankbarkeit, die ihm winkt, mag in keinem Verhältnis zu den Schmerzen stehen, welche die vielen Kratzer auf seinem Arm verursachen, aber das ficht einen Helden nicht an.

Was du brauchst

Geduld

Leiter

Arbeitshandschuhe aus Leder

Kissenbezug

Seil

WIE MAN'S MACHT

1. Zunächst einmal heißt es Ruhe bewahren. Das gilt auch für deine Nachbarin. Wenn man einer Katze Zeit lässt und sie nicht bedrängt, wird sie vielleicht von allein herunterkommen. Warte eine ganze Nacht und lasse den Hund so lange nicht raus. Versuche es mit rufen und locken und stelle dem Kätzchen etwas Leckeres zum Fressen hin. Wenn alles nichts hilft, musst du trotzdem Geduld bewahren. Katzen folgen nun mal nicht gerne.

2. Wenn die Katze noch jung ist oder eine Leine trägt (wir wollen das nicht weiter vertiefen), musst du sie holen. Kleine Kätzchen sind nicht kräftig genug, um dem Wind in hohen Bäumen über längere Zeit zu trotzen.

3 Versuch's erst einmal damit, dass du eine Holzleiter in der Nähe der Katze gegen den Baum lehnst. Vielleicht kommt sie ja jetzt von selbst herunter. Lass sie mindestens 15 Minuten lang alleine.

4 Wenn die Katze zu panisch ist, um auf die Leiter zu klettern, ziehe deine Arbeitshandschuhe an, um dich vor den Krallen zu schützen, nimm einen Kissenbezug und ein Seil und steige hinauf.

5 Wenn du oben bist, packst du die Katze am Nacken. Damit beruhigst du das Tier und schützt dich gleichzeitig vor allzu vielen Kratzern.

6 Stecke die Katze vorsichtig in den Kissenbezug – das wird der soeben erwähnte Ruhe ein jähes Ende bereiten – und sichere sie mit dem Seil.

7 Lasse die Katze langsam herab. Unten sollte jemand stehen und sie übernehmen.

8 Bringe die Katze ins Haus, bevor du sie aus dem Kissenbezug lässt. Sonst könnte sie vor Schreck ganz schnell wieder auf dem Baum landen.

EIN FAHRZEUG AUS DEM SCHLAMM ZIEHEN

Wenn du abseits befestigter Straßen unterwegs bist, kann es schnell passieren, dass du bis zum Hals im Schlamm feststeckst, und zwar weitab von der nächsten Ortschaft. Das ist eine beunruhigende Situation, aber mit etwas Einfallsreichtum und dem Einsatz deiner Muskeln kannst du dich ziemlich schnell wieder befreien.

WIE'S GEHT

1 Du bist stecken geblieben, weil die Reifen zu wenig Kraft auf den Boden übertragen, um das Fahrzeug zu bewegen. Zunächst solltest du probieren, den Wagen vor und zurück schwingen zu lassen. Ein Rad, das sich bewegt, hat eine größere Fläche, auf der es haften und Kraft übertragen kann. Wenn du ein paar Fortschritte gemacht hast, beschleunige etwas mehr bei den Schwingbewegungen. Vielleicht kann sich das Auto auf diese Weise schon selbst befreien.

2 Wenn das nichts hilft, nimm Holzstücke oder Steine und baue eine improvisierte Rampe um die Räder. Sobald die Konstruktion hält, fahre langsam an und verlasse die Kuhle. Wenn du keine passenden Gegenstände findest, musst du eine Jacke (oder besser natürlich vier Jacken) nehmen. Die Kleidung wird davon nicht schöner, aber du bekommst den nötigen Antrieb von den Reifen auf den Boden.

3 Der letzte Ausweg erfordert eine Schaufel und einiges an Muskelschmalz. Grabe um die Räder, damit du einen flacheren Anstieg und mehr Platz bekommst, an dem die Räder greifen können. Wenn es immer noch nicht reicht: Weitergraben!

4 Wenn all diese Methoden scheitern, sitzt du ziemlich in der Tinte. Jetzt kannst du eigentlich nur noch loszuziehen und jemanden suchen, der dir mit einem Allrad-Geländewagen und einer Abschleppstange weiterhilft.

EISRETTUNG

Wenn jemand ins dünne Eis einbricht, hast du weniger als 30 Minuten, um ihn wieder herauszubekommen, bevor er ernsthaft unterkühlt. Handle rasch, aber pass auf, dass du nicht selber einbrichst.

Was du brauchst	**WIE MAN'S MACHT**
langer Stock, Seil oder Leiter **Boot** **Decke**	**1** RENNE NICHT zu dem Opfer. Gebrochenes Eis ist ein deutliches Warnzeichen, dass auch du einbrechen könntest. Rufe die Feuerwehr. **2** Bewege dich vorsichtig so nah wie möglich zur eingebrochenen Person und benutze einen langen Stock oder ein Seil, an dem sich der Eingebrochene festhalten kann. Vielleicht musst du dich auf den Bauch legen, um näher zu kommen. Damit verteilst du dein Gewicht auf eine größere Fläche. Wenn das Eis knarrzt oder knackt, ziehe dich zurück. **3** Rede immer auf das Opfer ein und sage, dass alles klappen wird. Das wirkt beruhigend. **4** Sobald das Opfer das Seil oder den Stock gegriffen hat, ziehe es in Sicherheit. **5** Findest du ein Boot in der Nähe, nimm es, um zu dem Opfer zu gleiten und es an Bord zu ziehen. Sollte das Eis brechen, bist du im Trockenen und nicht am Grund eines eiskalten Sees. **6** Behandle die Unterkühlung des Opfers. Wickle die Person in eine trockene Decke und bringe sie sofort ins Krankenhaus.

RETTUNG AUS EINEM BRENNENDEN GEBÄUDE

Ein brennendes Gebäude eignet sich nicht zum längeren Verweilen. Brennt also ein Haus, verlasse es so schnell wie möglich! Aber wenn du jemanden aus einem brennenden Gebäude rufen hörst, gibt es für dich nur eine Reaktion: Du versuchst ihn aus seiner gefährlichen Lage zu befreien. Wenn schon Feuerwehrleute anwesend sind, schlage Alarm. Für diese ist das Vordringen in ein brennendes Haus zwar die gefährlichste Art des Einsatzes, aber sie haben feuerfeste Kleidung, Sauerstoffmasken, Gerätschaft und eine Ausbildung. Auf dich trifft das nicht zu. Deshalb werden dich die Feuerwehrleute auch nicht in das Haus lassen. Wenn aber die Feuerwehr noch nicht eingetroffen ist oder du dich sowieso noch im Gebäude befindest, gelten für eine Rettung folgende Schritte:

W I E ' S   G E H T

1 Rauch ist mindestens so tödlich wie das Feuer selbst. Bewege dich deshalb unten am Boden, denn Rauch steigt nach oben.

2 Lege ein Seil oder Elektrokabel auf deinem Weg aus, damit du den Weg zurück zur Tür oder zum Fenster findest, auch wenn plötzlich alles voller Rauch ist.

3 Wenn dir weder Seil noch Kabel zur Verfügung stehen und du im aufrechten Gang deine eigenen Fußspitzen nicht mehr sehen kannst, taste dich auf Händen und Knien an einer Wand entlang.

4 Merke dir die Position weiterer Fenster, damit du zur Not flüchten kannst.

5 Rufe im Gehen nach der eingesperrten Person und versuche sie zu orten. Wenn du mit ihr Kontakt aufgenommen hast, folge einfach deinen Ohren.

6 Findest du eine Person bewusstlos auf, kann sie eine Verletzung am Kopf oder an der Halswirbelsäule haben. Dann besteht die Gefahr, dass du ihr durch die Erschütterungen beim Transport weitere Verletzungen zufügst. Lässt du sie jedoch liegen, ist die Überlebenschance noch geringer. Vielleicht findest du ja eine Decke. Dann rolle die Person darauf, schlage die Seiten um den Verletzten und ziehe ihn Kopf voran ins Freie. Oder du hievst ihn auf eine Schulter und trägst ihn, indem du ihn auf den Füßen stehen lässt und seine Hände in Richtung deines Brustkorbes und deiner Schulter ziehst.

7 Nach Möglichkeit verlässt man ein brennendes Gebäude immer auf dem Weg, auf dem man hereingekommen ist. Wenn das nicht geht, steige durch das nächste Fenster. Wenn du dich in einem oberen Stockwerk befindest, öffne ein Fenster, übergrätsche die Fensterbank und winke, einen Fuß im Freien. Das ist ein Zeichen, das jeder Feuerwehrmann versteht. Sieht er dich, wird er mit einer Leiter kommen.

EINEN
ERTRINKENDEN RETTEN

Trotz aller Vorsichtsmaßnahmen und Warnungen kommt es im Wasser immer wieder zu tragischen Unfällen. Kinder, die noch nicht schwimmen können, fallen in einen Pool, und starke Strömungen können selbst erfahrene Schwimmer mit sich reißen. Auch dein Hund kann in Gefahr geraten, wenn er unbedingt einen Stock fangen will. Wenn du auch nur etwas Zeit in der Nähe von Wasser verbringst, solltest du wissen, wie man Ertrinkende rettet. Aber Vorsicht! Ertrinkende geraten oft in Panik, was sie selbst und dich als Retter in noch größere Gefahr bringt. Sie können dich packen und um sich schlagen, und womöglich ziehen sie dich mit unter Wasser. Deshalb ist es nur die letzte Option, zum Ertrinkenden zu schwimmen. Zunächst solltest du versuchen, ihm einen Stock zu reichen oder einen schwimmenden Gegenstand zuzuwerfen.

Was du brauchst

langes Seil

Handtuch

Stecken oder Ruder

schwimmenden Gegenstand (Rettungsring, Kühltasche, Ersatzreifen ...)

Boot

WIE MAN'S MACHT

1. Wenn die Person bei Bewusstsein ist und sich nahe genug am Ufer bzw. bei der Poolkante befindet, stelle dich mit vorgebeugtem Oberkörper hin oder lege dich auf den Bauch, damit dich der Ertrinkende nicht ins Wasser ziehen kann. Reiche ihm irgendeinen Gegenstand wie einen langen Stecken oder sogar ein Seil, nach dem er greifen kann. Beachte, dass die meisten Seile im Wasser untergehen.

2. Sprich mit der Person und rufe mit lauter, fester Stimme, dass sie nach dem Gegenstand greifen soll. Sobald das geklappt hat, ziehe sie heraus.

3 Wenn der Ertrinkende weiter draußen ist, suche nach einem schwimmenden Gegenstand, den du werfen kannst, wie einen Rettungsring, eine Kühlbox oder den Ersatzreifen aus deinem Auto.

4 Ist die Person sehr weit vom Ufer entfernt, kannst du auch in ein Boot steigen oder als allerletzte Option selber ins Wasser gehen.

5 Wenn du zu einem Ertrinkenden schwimmst, rede mit ihm und nähere dich dabei von hinten. Sag ihm, du bringst ihn in Sicherheit. Das wird wahrscheinlich beruhigend wirken.

6 Hast du den Ertrinkenden erreicht, schlage ihm mit einem Prügel auf den Kopf und knocke ihn aus. – Okay, das war ein Scherz! Lege ihm einen Arm um den Brustkorb, während du mit seitlichen Zügen zurück zum Ufer schwimmst. Sage dem zu Rettenden, er solle sich entspannen und auf dem Rücken treiben lassen.

7 Ist die Person bewusstlos, wenn du sie an Land oder ins Boot gebracht hast, handle rasch und beginne mit der Wiederbelebung. Viele scheinen leblos, sind aber nicht tot.

HERZ-LUNGEN-MASSAGE DURCHFÜHREN

Wenn ein Mensch nicht mehr atmet und der Herzschlag aussetzt, kann das viele Ursachen haben. Hier seien nur genannt: ein Herzinfarkt, Wasser in der Lunge, ein Schock, eine Überdosis Drogen oder ein Stromschlag. In solch einem Fall kannst du die Person mit einer Herz-Lungen-Massage am Leben erhalten, bis der Notarzt eintrifft.

Was du brauchst

Telefon

Basiswissen lebensrettende Sofortmaßnahmen

Bereitschaft, mit deinem Mund den einer fremden Person zu berühren (geschlechtsunabhängig)

WIE MAN'S MACHT

1. Rufe den Rettungsdienst.

2. Liegt der Patient auf dem Rücken, überstrecke den Kopf, hebe das Kinn an und überprüfe die Atmung (höre genau hin und beobachte, ob sich der Brustkorb hebt und senkt).

3. Überprüfe, dass nichts – auch nicht die Zunge – die Atemwege blockiert. Wenn du siehst, dass sie blockiert sind, führe das Heimlich-Manöver durch oder entferne den Gegenstand mit den Fingern.

4. Setzt die Atmung noch nicht ein, gebe eine Mund-zu-Mund-Beatmung. Dafür muss der Patient auf dem Rücken liegen, Kinn nach oben.

5. Lege zwei Finger sachte unter das Kinn, damit der Kopf überstreckt bleibt. Die andere Hand legst du auf die Stirn des Patienten und kneifst mit Daumen und Zeigefinger die Nase zu.

6 Atme kräftig in den Mund des Patienten, wobei die Lippen dicht abschließen müssen, damit keine Luft seitlich entweicht. Jetzt wirst du sehen, wie sich der Brustkorb hebt und senkt. Wiederhole die Maßnahme.

7 Wenn die Atmung wieder einsetzt, höre auf. Wenn nicht, überprüfe den Puls, indem du zwei Finger an den Hals setzt, und zwar links oder rechts des Kehlkopfes. Lässt sich ein Puls ausmachen, setze die Beatmung fort, bis der Patient selbstständig atmet oder Hilfe eintrifft.

8 Gibt es keinen Puls, lege einen Handballen auf die Mitte des Brustkorbes, also auf das Brustbein. Lege die andere Hand auf die erste und verschränke die Finger.

9 Deine Schultern müssen sich direkt über den Händen befinden, die Ellbogen durchgedrückt sein. Drücke kräftig auf den Brustkorb, sodass er fünf bis sechs Zentimeter nachgibt. Warte eine halbe Sekunde und lasse wieder los. Wiederhole das 15-mal.

10 Nach 15 Pumpstößen gibst du zwei weitere Atemzüge. Wiederhole diesen Ablauf so lange, bis Hilfe eintrifft.

WAS MAN TUN UND LASSEN SOLLTE

✗ Gib niemandem eine Herz-Lungen-Massage, der sie nicht benötigt. Du könntest den Patienten damit ernsthaft verletzen.

✓ Überprüfe regelmäßig, ob deine Maßnahme Erfolg zeigt. Wenn ja, höre auf.

BERGRETTUNG

Eine Bergrettung ist nichts für Menschen mit schwachen Nerven oder wackligen Knien. Doch diese sollten ohnehin nicht in die Berge gehen. Um einen Verunglückten aus einer Felswand zu holen und ins Tal zu bringen, benötigst du eine profunde Ausbildung in lebensrettenden Maßnahmen und Erster Hilfe. Und es kann auch nichts schaden, wenn du dich mit Seilsicherung und Abseilen auskennst.

Was du brauchst

Erste-Hilfe-Ausrüstung

Kletterseil

Klettergurt

Stab oder Ähnliches als Schiene

Textilien für Schlingen und Polster

Trage oder Bahre

WIE MAN'S MACHT

1. Bevor du dich in eine Eiswand oder auf ein steiles, rutschiges Schneefeld begibst, um dort jemanden herauszuholen, musst du für deine eigene Sicherheit sorgen. Du brauchst einen genauen Plan, wie die Rettung ablaufen soll.

2. Wenn du angeseilt bist, musst du dem Verunglückten sagen, dass er Ruhe bewahren und sich vor Steinschlag in Acht nehmen soll. Je näher du kommst, umso mehr musst du ihm erklären, was du gerade tust und vorhast.

3. Leiste Erste Hilfe, bevor du mit irgendetwas anderem beginnst. Wenn die Person nicht mehr gehen kann, bewege sie nur im äußersten Notfall. Trifft dieser ein, stabilisiere zuerst etwaige Knochenbrüche mit einer Schiene.

4. Stabilisiere einen gebrochenen Oberarm mit einer Schlinge. Falte ein großes Textiltuch zu einem Dreieck. Ziehe es unter dem verletzten Arm durch und binde die losen Enden um den Hals des Verunglückten.

5 Sind Unterarm oder Handgelenk gebrochen, umwickle einen Stock mit einem Kleidungsstück. Binde ihn mit Stoffstreifen um den Arm – es müssen beide Seiten der verletzten Stelle stabilisiert werden. Dann mache eine Schlinge.

6 Auf die gleiche Weise kannst du einen gebrochenen Unterschenkel schienen. Lege je ein Brett oder einen Stock auf beide Seiten des Beins – sie müssen von der Beuge bis zur Ferse gehen. Polstere die Verletzung gut ab und binde die Schienen in der Beuge, am Oberschenkel, am Knie und am Fußgelenk fest.

7 Um einen Schwerverletzten von einem Berg zu transportieren, benötigst du eine Trage oder Bahre zusammen mit einigen zusätzlichen Seilen. Bewege ihn langsam und wähle die sicherste und leichteste Route, auch wenn diese länger dauert.

ÜBERLEBENS-TECHNIKEN

Als Held bist du von Natur aus dazu bestimmt, andere Menschen zu retten. Doch diesem Impuls kannst du schlecht folgen, wenn du gerade selbst im Eis eingebrochen bist. Es hilft also nichts: Wenn du dir nicht die Mühe machst, dich erst einmal selbst zu retten, kannst du das mit der Rettung anderer vergessen. Beschäftige dich also damit, wie man unter extremen Bedingungen überlebt. Insbesondere wenn dein zweiter Vorname „Abenteuer" lautet, solltest du an dem in diesem Kapitel vorgestellten Trainingsprogramm teilnehmen.

WASSER FINDEN

Auch wenn du so hungrig bist, dass du ein Pferd essen könntest, gilt deine Suche Trinkwasser. Ein Mensch kann zehn Tage ohne Nahrung auskommen, doch schon ein oder zwei Tage ohne Wasser bereiten ihm ernste Probleme. Aber keine Sorge: Wer an den richtigen Stellen sucht, wird sehr wahrscheinlich auch fündig.

Was du brauchst

Gummischlauch

Tuch

Behälter

Wasserreinigungs-tabletten

Messer oder Machete

WIE MAN'S MACHT

1. Frisches Trinkwasser sammelt sich in Felsspalten und Baumhöhlen. Sauge das Wasser ab oder verwende eine Kelle oder einen Löffel. Wenn du so nicht an das Wasser herankommst, tauche ein Tuch hinein und wringe es aus.

2. Reinige das Wasser mit Jodtabletten oder koche es drei bis fünf Minuten lang ab.

3. Schnee und Eis sind gute Flüssigkeitsquellen. Aber du musst sie auftauen, damit du nicht abkühlst oder Brechdurchfall bekommst.

4. Schneide die Spitze eines Kaktus ab, um ans Mark zu gelangen. Drücke das Wasser heraus und sammle es in einem Behälter.

5. Auch Bambus sammelt Wasser. Biege die Spitze eines Stängels über einen Behälter und schneide sie auf.

6. Bananenbäume sind ebenfalls Wasserlieferanten. Schneide eine Palme ungefähr 15 cm über dem Boden ab und fräse eine Wanne in den Stumpf. Darin sammelt sich Wasser aus den Wurzeln.

SICH OHNE KOMPASS ORIENTIEREN

Es ist keine Schande, einmal die Orientierung zu verlieren. Das ist auch manchen der größten Helden passiert (denke nur an Christoph Kolumbus). Was hingegen deinen Ruf als Held der Wildnis ruiniert, ist, wenn du nicht mehr zurückfindest. Um das zu verhindern, benötigst du weder Karte noch Kompass, du musst nur herausfinden, wo Norden ist.

WIE'S GEHT

1. Du kannst eine Armbanduhr als Kompass benutzen. Halte sie waagrecht und richte den Stundenzeiger auf die Sonne aus. Dann stelle dir eine Linie vor, die das Segment zwischen dem Stundenzeiger und der Zwölf-Uhr-Position halbiert. Diese Linie zeigt in der nördlichen Hemisphäre nach Süden und in der südlichen nach Norden.

2. Wenn du nur eine Digitaluhr dabei hast, zeichne die aktuelle Uhrzeit als Ziffernblatt auf einen Zettel oder ganz einfach mit einem Stock auf die Erde und wende das oben genannte Verfahren an.

3. Wenn du keine Armbanduhr hast, nimm einen geraden Stock von ca. einem Meter Länge und stecke ihn senkrecht in den Boden. Markiere die Stelle, an der der Schatten aufhört, mit einem Stein. Das ist dein westlicher Punkt. Warte etwa 15 Minuten und markiere die Schattenspitze mit einem zweiten Stein. Das ist dein östlicher Punkt. Ziehe eine Linie zwischen den beiden Punkten. Sie verläuft genau von West nach Ost. Ziehe eine zweite Linie im rechten Winkel zu der ersten, und du erhältst die Nord-Süd-Achse. Wenn du dich jetzt mit dem linken Fuß auf den westlichen Punkt und mit dem rechten auf den östlichen stellst, schaust du immer nach Norden. Das gilt sowohl auf der nördlichen als auch auf der südlichen Halbkugel.

Fortsetzung übernächste Seite

Fortsetzung

4 Wenn du in der Nacht nicht mehr weiter weißt, kannst du dich an den Sternen orientieren. Auf der Nordhalbkugel findest du den Nordstern mit Hilfe des Großen Wagens. Verlängere die Strecke der zwei Kastensterne gegenüber der Deichsel um das Fünffache. So erreichst du den Nordstern. Von hier aus ziehst du eine imaginäre Linie senkrecht hinunter zum Boden. Dort ist Norden.

5 Auf der Südhalbkugel musst du das Kreuz des Südens finden. Sobald du es hast, blicke auf die zwei Sterne, die die lange Achse markieren. Verlängere diese Linie knapp fünf Mal. So kommst du zu einem Punkt am Himmel. Diesen lotest du hinunter zum Horizont. Dort ungefähr ist Süden.

WAS MAN TUN UND LASSEN SOLLTE

✗ Gehe nicht einfach geradeaus in der Hoffnung, du könntest die Richtung halten. Mache vielmehr einen Punkt am Horizont aus und gehe auf ihn zu. Hast du ihn erreicht, wiederhole dieses Prinzip.

✗ Wenn der Himmel bedeckt ist, gilt es Ruhe zu bewahren. Panik ist nämlich nicht nur unheroisch, sondern auch kontraproduktiv. Warte und hoffe, dass die Wolkendecke aufreißt. Ist es so weit, handle sofort und bestimme einen Zielpunkt, so gut es eben geht.

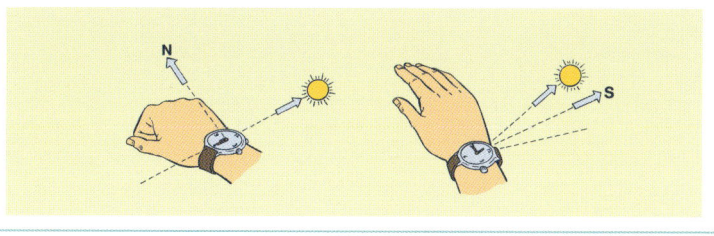

EIN FEUER ENTFACHEN

Hast du weder Feuerzeug noch trockene Streichhölzer, ist dennoch nicht alles verloren. Es gibt andere Methoden, Feuer zu machen. Du kannst mit einem Feuerstein und Stahl Funken schlagen oder mit einem Brennglas das Sonnenlicht auf einem Zundernest bündeln. Geht das aus irgendeinem Grund nicht, bleibt noch der wirklich harte Weg: indem du zwei Stöcke aneinanderreibst.

Was du brauchst

gerader Hartholz-stab (den Bohrer)

flaches Stück trockenes, abgestorbenes Weichholz (das Feuerbrett)

handgroßes Stück Hartholz (die Pfanne)

Schnürsenkel

50 cm langer gebogener Stock (der Bogen)

getrocknetes Gras, Kiefernnadeln und Reisig als Anmach-holz

WIE MAN'S MACHT

1. Schnitze am einen Ende des Bohrers eine Spitze, am anderen eine Abrundung.

2. Schneide ein kleines Sackloch mittig zur langen Seite ins Feuerbett und wenige Zentimeter von der Kante entfernt. Es muss groß genug sein, für die abgerundete Seite des Bohrers.

3. Schneide eine dreieckige Einbuchtung in das Feuerbrett, die vom Loch v-förmig zu der näher gelegenen Kante führt. Diese Kerbe dient als Kanal, über den heiße Asche und Glut auf das Anmachholz abgeführt wird.

4. Drücke den Bohrer mit der Pfanne fest nach unten. Damit dieser nicht wegrutscht, schneidest du ein kleines Loch hinein, sodass das spitze Ende des Bohrers gut geführt wird.

5. Binde den Schnürsenkel locker an beide Enden des Bogens und wickle ihn um den Bohrer.

6. Lege das Feuerbrett so auf den Boden, dass die Kerbe direkt an einem kleinen, aber dichten Nest aus Anmachholz anliegt. Setze das

abgerundete Ende des Bohrers in das Loch im Feuerbrett und halte es mit der Pfanne fest an seinem Platz.

7 Mache mit dem Bogen Bewegungen wie mit einer Säge, damit sich der Bohrer mit einer mittleren Geschwindigkeit und in einem festen Rhythmus hin und her dreht. Achte auf einen ständigen Druck auf das Feuerbrett. Schließlich wird sich an dem Loch aufgrund der Reibung Rauch entwickeln. Allmählich werden sich glühende Späne bilden, die durch die Kerbe auf das Nest aus Anmachholz rollen.

8 Sobald es so weit ist, lege weiteres getrocknetes Gras auf den Haufen aus Anmachholz und blase vorsichtig, damit die Glut ein Feuer entzünden kann. Dann handle rasch, aber vorsichtig und schichte die Holzscheite auf, damit sie Feuer fangen.

WAS MAN TUN UND LASSEN SOLLTE

X Lasse dich nicht entmutigen, es kann sehr lange dauern, bis es brennt. Das Gute ist, dass dir auch schon vor dem Feuer angenehm warm wird.

X Vergiss nicht, schon vor dem Anfachen ausreichend Feuerholz zu sammeln.

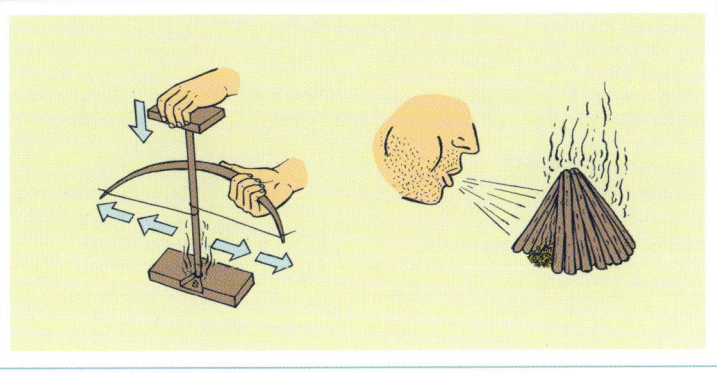

EINEN UNTERSTAND BAUEN

Auch wenn du weißt, wie du den Weg zurückfindest, kann es passieren, dass du nicht sofort aufbrechen kannst. Dann benötigst du Wasser, Nahrung und einen sicheren Platz zum Verweilen. Vielleicht findest du ja genügend Material, um dir ein Schrägdach zu bauen, das du gegen einen Fels oder einen Baum lehnst.

Was du brauchst

Äste und Stöcke

Stangen

Zweige

Lehm

Seil oder feste Ranken

WIE MAN'S MACHT

1 Für einen Unterstand brauchst du nur ein paar armdicke Hölzer sowie Äste und Zweige.

2 Lege ein großes Viereck aus Ästen auf den Boden und binde sie an den Ecken zusammen.

3 Fülle den Innenraum mit kleineren Holzstücken aus und verknote auch diese.

4 Lehne die Konstruktion gegen einen Baum oder Felsen und bedecke die Außenseite mit Ästen und Zweigen. In vielen Fällen ist es das Beste, die Äste durch Fädeln am Untergestell zu fixieren.

EIN BOOT AUFRICHTEN

Kentert ein größeres Segelboot von – sagen wir mal – sechs Metern Länge, ist das Heroischste, was du tun kannst, nach etwas Schwimmbaren zu greifen und dich so lange festzuhalten, bis Hilfe kommt. Es ist unmöglich, ein solches Boot vom Wasser aus aufzurichten. Bei einer kleineren Jolle sieht es schon anders aus. Sollte sie kippen, ziehe eine Schwimmweste an und gehe ins Wasser. Jetzt kommt es allein auf dein Körpergewicht an.

Was du brauchst	**WIE MAN'S MACHT**
eine gekenterte Jolle	**1** Klettere auf das umgedrehte Boot und stelle dich an eine Seite des Schwertes bzw. des Kiels.
dein ganzes Körpergewicht	**2** Greife nach der Spitze des Kiels und hänge dich daran. Wenn das nichts hilft, stemme dich mit den Füßen gegen den Kiel, allerdings nicht zu weit oben. Sonst riskierst du, dass er bricht.
	3 Wenn das Boot anfängt zu rollen, halte die Kräfte aufrecht, die du mit deinem Gewicht und den Füßen auf das Boot überträgst.
	4 Sobald der Kiel ins Wasser eintaucht, fasse nach dem Bootsrand und ziehe nach unten. Versuche dich auf die Kante zu hieven, damit du ins Innere gelangst, wenn die Jolle wieder Kiel unten liegt. Sollte dir das nicht rechtzeitig gelingen, entferne dich beim Aufrichten von dem Boot, damit du nicht darunter eingeklemmt wirst.

NICHT ERWISCHT WERDEN

Du kannst nicht immer die Bösen besiegen, insbesondere, wenn sie in der Überzahl sind. Und überhaupt gehört brachiale Gewalt nicht notwendigerweise zu den Kernkompetenzen eines Helden. Dann schon eher Klugheit. Und manchmal ist es wirklich schlauer, seinen Kopf aus der Schlinge zu ziehen und sich neu zu formieren. Wenn du dich ganz allein auf feindlichem Terrain befindest, dann willst du eines unbedingt verhindern: geschnappt zu werden. Und das verhinderst du folgendermaßen:

WIE'S GEHT

☑ Wenn du dich in unmittelbarer Gefahr befindest, musst du dich verstecken und ruhig verhalten. Dafür eigenen sich jedoch keine Orte mit nur einem Ausgang, hier sitzt du schnell in der Falle. Unter freiem Himmel kannst du dich z. B. in einem Maisfeld gut verstecken, vorausgesetzt, die Pflanzen sind hoch genug.

☑ Wenn du dich auf Dauer dem Zugriff der Bösewichte entziehen willst, darfst du nicht an ein und demselben Ort bleiben. Ist die erste Gefahr vorüber, musst du dich bewegen. Versuche in einen Fluss zu gelangen und lasse dich abwärts treiben. Springe für kurze Fahrten auf Züge oder „leihe" dir ein Fahrrad.

☑ Wenn du dich in einem Gebäude befindest, verstecke dich auf einem Fenstersims und entferne dich dann über angrenzende Dächer oder Feuerleitern.

☑ Pass auf, dass du keine Spuren hinterlässt. Wenn du über Schnee oder lockeren Boden läufst, verwische deine Spuren oder führe deine Verfolger hinters Licht, indem du rückwärts gehst.

☑ Im Auto gestaltet sich die Flucht schwieriger als zu Fuß, denn Autos lassen sich nicht so leicht verstecken. Am leichtesten kannst du Verfolger in Gegenden mit vielen kleinen Straßen abschütteln, insbesondere, wenn du dich dort auskennst. Biege oft ab. Halte nach Gassen oder Garagen Ausschau, in die du unbeobachtet fahren kannst. Sobald die unmittelbare Gefahr vorüber ist, lasse den Wagen stehen und setze die Flucht zu Fuß oder mit einem anderen Auto fort.

EINEN TSUNAMI ÜBERLEBEN

Tsunamis sind große Wellen, die meist von Erdbeben oder Vulkanausbrüchen am Meeresboden ausgelöst werden. Sie können sich über sehr große Entfernungen ausbreiten und die Höhe eines zehnstöckigen Gebäudes erreichen. Ihre Zerstörungskraft kann sich bis weit ins Hinterland erstrecken und ganze Städte verwüsten. Der Pazifik ist stärker gefährdet als jedes andere Meer, doch absolute Sicherheit gibt es an keiner Küste. Die japanischen Inseln sind am stärksten betroffen. Im Schnitt werden sie alle sechs bis sieben Jahre von einem Tsunami heimgesucht.

An vielen Stellen der Erde gibt es Frühwarnsysteme, die die Küstenbewohner in Alarmbereitschaft versetzen, wenn eine todbringende Welle anrollt. Doch das funktioniert nicht immer und überall. Du bist daher gut beraten, die Zeichen der Natur selbst zu erkennen, die die hereinbrechende Gefahr anzeigen. Begib dich dann sofort in höhere Regionen.

WIE'S GEHT

☑ Wenn du in Küstennähe ein Erdbeben erlebst, kann das bedeuten, dass ein Tsunami folgt. Warte nicht ab, um das herauszufinden.

☑ Vor einer Tsunamiwelle sinkt der Meeresspiegel drastisch ab. Wenn du siehst, dass das Wasser abfließt, renne bergauf.

☑ Auf Hügeln, hohen Gebäuden oder weit landeinwärts steigen die Überlebenschancen deutlich. Als letzte Zuflucht kann dir auch ein kräftiger, hochgewachsener Baum dienen. Kleine Bäume knicken unter dem Druck des Wassers leicht um.

☑ Vergiss nicht, dass ein Tsunami aus einer Serie von Wellen besteht und dass die zweite Woge wahrscheinlich noch größer sein wird als die erste.

☑ Wenn das Wasser dich mitreißt, suche nach einem schwimmenden Gegenstand, an den du dich klammern kannst. Das Wasser wird schnell wieder zurück ins Meer schwappen. Versuche nicht, gegen die Strömung anzuschwimmen, das würde dich nur erschöpfen. Deine einzige Chance ist, dich treiben zu lassen und zu hoffen, dass dich Rettungskräfte finden.

EINEN ABSTURZ ÜBERLEBEN

Es gibt viele Situationen, in denen Mut und Können eines Helden gefragt sind. Leider nicht bei Flugzeugabstürzen. Auch wenn es dir schwer fällt, musst du akzeptieren, dass du Glück brauchst, wenn du in einem Flugzeug sitzt, das mitten in der Luft ein Triebwerk verliert. Da ist es beruhigend, dass Abstürze selten vorkommen – laut Statistik mit einer Wahrscheinlichkeit von eins zu neun Millionen. Und selbst bei einem Unfall hast du noch eine Überlebenschance von 95 Prozent. Das macht doch Hoffnung! Allerdings bleibt es eine Frage des Glücks, und du kannst nur wenig tun. Einiges, bevor du in den Vogel steigst, und etwas mehr, wenn du bereits an Bord jener Unglücksmaschine bist, die notlanden muss.

WIE'S GEHT

1. Bevor du an Bord eines Flugzeugs steigst, solltest du die passende Kleidung anziehen – d.h. passend für einen Absturz. Wenn du eine Bruchlandung überlebt hast, wird wahrscheinlich Feuer ausbrechen. Dann musst du dich sehr schnell bewegen und darfst nicht mit weiter Schlabberkleidung an irgendwelchen Gegenständen hängen bleiben. Trage Jeans, ein langärmliges Baumwollhemd und geschlossene Schuhe. So ist deine Haut etwas besser geschützt, wenn du von herabfallenden Trümmerteilen getroffen wirst. Vermeide Polyester, Fleece oder jedes andere leicht entflammbare Material. Wenn du das Flugzeug verlässt, kann es draußen kalt sein. Lege dir also eine Jacke auf den Schoß, man weiß ja nie.

2. Reserviere immer am Gang und in der Nähe eines Ausgangs. Wenn du den Absturz überlebt hast, musst du das Flugzeug sehr schnell verlassen. Ist kein Platz mehr am Ausgang frei, buche einen Gangplatz im Heck. Nach der Statistik überleben dort 40 Prozent mehr Passagiere als im vorderen Teil.

3 Bist du im Flugzeug, lies die Sicherheitshinweise und höre zu, wenn die Flugbegleiterin die Notfall-Instruktionen durchgibt – ja, ja, du kennst sie in- und auswendig, aber passe trotzdem auf. Achte darauf, wo sich der nächste Ausgang befindet und gehe im Geiste durch, wie du die Maschine verlässt. Zähle die Reihen und Gänge, damit du auch bei völliger Dunkelheit ins Freie gelangen kannst.

4 Lege den Sicherheitsgurt an und ziehe ihn fest um die Taille. Jeder Zentimeter Freiraum verdreifacht die Kräfte, die bei einem Absturz auf deinen Körper wirken.

5 Wenn du merkst, dass du abstürzt, lege eine Schwimmweste an (wenn du über Wasser fliegst) oder greife nach einer Jacke bzw. einer Decke (wenn du dich über einem Gebirge befindest).

6 Bereite dich vor, indem du die Rückenlehne hochklappst und deine Hände auf die Rückseite des Vordersitzes stemmst (eine über die andere). Schiebe die Füße nach vorne (viele Passagiere erleiden bei einem Absturz Beinbrüche, weil sie die Füße unter ihren Sitzen haben).

7 Nach der Bruchlandung musst du den Sitzgurt lösen und dich so schnell wie möglich zum Ausgang begeben. Nimm nichts mit außer einer Jacke. Mache dich klein, insbesondere bei Rauchentwicklung. Spanne deine Muskeln an, denn es könnten Leute in Panik versuchen, sich über dich zu drängen. Lasse das nicht zu. Bleibe in der Reihe und beachte die Anweisungen des Flugpersonals. Kommt es zu Rauchentwicklung, halte dir ein feuchtes Tuch vor Mund und Nase.

8 Sobald du das Flugzeug verlassen hast, entferne dich schnell. Die meisten Fluggesellschaften raten, sich mindestens 150 m vom Flugzeug entfernt und windabgewandt aufzuhalten. Es könnte zu einer Explosion kommen.

9 Wenn du im Wasser landest, ziehe Schuhe und überflüssige Kleidung aus, um besser schwimmen zu können. Entferne dich so weit wie möglich von dem Wrack, aber bleibe in Sichtweite, damit dich die Rettungskräfte leichter finden.

SUPER-
HELDEN-
LIGA

Nachdem wir das Fundament des Heldenwesens gelegt haben, wird es Zeit, den Anfängerkram hinter sich zu lassen und in höhere Regionen vorzustoßen. Wir sollten also langsam den Ganzkörperanzug anlegen und das Cape umhängen – hier kommen die Superhelden! Okay, wir werden nicht mit unserem Laserblick Löcher in Panzerstahl brennen oder mit Überschallgeschwindigkeit um die Erde rasen, dazu bedürfte es eines wesentlich dickeren Buches. Aber einige Heldentaten sind nur den Härtesten unter uns vorbehalten. Also, Jungs, es wird ernst.

MIT DEM AUTO ÜBER EINE RAMPE SPRINGEN

Das Tätigkeitsprofil eines Helden überschneidet sich an manchen Stellen mit dem eines Stuntmans. So gehört in beiden Metiers der Sprung mit dem Auto zu den Schlüsselqualifikationen. Du fliegst von einer Rampe zur anderen. Es ist ja auch kein Zufall, dass viele Helden ihre Karriere in der Filmindustrie fortsetzen, während umgekehrt eine ganze Reihe Stuntmen wahrhaft heroische Leistungen im realen Leben zeigten. Beinahe jedes Mal, wenn du dir hinter den feindlichen Linien ein Autorennen mit deinen Verfolgern lieferst, um einen Geheimcode herauszubringen, wirst du dich nur mit einem Sprung über eine Straßensperre oder eine Schlucht retten können.

WIE'S GEHT

1 Wenn du mit einem Auto über eine Rampe springst, hast du es mit ein paar physikalischen Gesetzen zu tun. Du springst so weit, wie es durch das Gewicht deines Wagens, deine Geschwindigkeit und deinen Absprungwinkel vorherbestimmt ist. Letzteren kannst du nur mit einer Rampe erreichen. Diese musst du deshalb schon vor deiner Flucht in Stellung bringen, sonst geht die Aktion schief.

2 Auf eine Rampe mit 45 Grad kannst du nicht sehr schnell auffahren, da du sonst vorne aufsitzt und kollidierst. Dein Flug würde schon beim Start ein jähes Ende finden. Du löst dieses Problem, indem du die Rampe verlängerst.

3 Es gilt die Faustregel, dass du mit einer Anfahrtgeschwindigkeit von 65 km/h ungefähr sieben Meter weit springst. Du brauchst also einen entsprechend langen Anlaufweg.

4 Für den Absprung müssen deine Vorderräder die Rampe gleichzeitig berühren. Anderenfalls kippst du auf die Seite.

5 Für die Landung empfiehlt sich ebenfalls eine Rampe. Sonst riskierst du einen harten Aufsetzer, was deine Wirbelsäule gar nicht mag. Für eine weiche Landung wählst du einen Landewinkel, der deinem Absprungwinkel entspricht.

6 Vergiss nicht, dass du auf der anderen Seite viel Platz brauchst, um den Wagen wieder unter Kontrolle zu bekommen und schließlich abzubremsen.

WAS MAN TUN UND LASSEN SOLLTE

✓ Übe! So ein Manöver schaffst du nicht mit links. „Augen zu und durch" bedeutet Crash und Krankenhaus. Du musst den Bewegungsablauf wie im Schlaf beherrschen, bevor du ihn im Ernstfall einsetzt.

✗ Nimm dir am Anfang nicht zu viel vor. Beginne mit kurzen Distanzen und steigere dich erst, wenn du nicht nur Selbstvertrauen, sondern auch eine Menge Erfahrung vorweisen kannst.

HIGH SPEED MIT DEM BUS

Höchstgeschwindigkeit mit einem Bus? Für einen Helden ist nichts zu schwierig! Er weiß, dass sich so ein großes Gefährt ganz schön störrisch verhält, weil enorme Kräfte darauf einwirken. Aber du bekommst das hin und lernst, so einen Koloss zu beherrschen. Und dabei gilt es, ruhig Blut zu bewahren, denn du hast die Verantwortung für 50 Menschenleben – und dein eigenes.

WIE'S GEHT

1. Lerne die Fahreigenschaften genau kennen. Ein Bus ist kein Auto! Vielleicht landest du sogar am Steuer so eines legendären Oldies, bei dem du beim Schalten Zwischengas geben musst. Auch die Dieselmotorisierung und die pneumatischen Bremsen fühlen sich ganz anders an.

2. Der Schwerpunkt liegt bei einem Bus so hoch, dass du bei scharfen, schnellen Kurven leicht umkippst. Die ersten Anzeichen dafür machen sich im hinteren Teil bemerkbar. Als Fahrer bemerkst du die Gefahr womöglich erst, wenn es zu spät ist. Reagiere deshalb sofort, wenn du hysterische Schreie von dort vernimmst.

3. Wenn der Bus, der dir gerade durchgeht, immerhin noch über funktionsfähige Bremsen verfügt, dann behalte deren Luftdruck im Auge. Die Anzeige muss im grünen Bereich sein. Sollte sich die Nadel darunter befinden, darfst du auf keinen Fall mit dem Bremspedal pumpen, da sonst der Druck komplett verloren geht und die Bremsen aufgrund eines eingebauten Sicherheitsmechanismus plötzlich blockieren.

WAS MAN TUN UND LASSEN SOLLTE

X Meide mit deinem rasenden Bus bewohnte Ortschaften und die Nähe von Schulen. Am besten, du bleibst auf der Autobahn – oder zur Not auch auf dem Rollfeld eines Flughafens.

SPRUNG DURCHS FENSTER

Nehmen wir an, du versuchst eine Bombe zu entschärfen und es geht etwas schief. Jetzt zählt jede Sekunde, um zu verschwinden. Dafür hat sich der Sprung durchs Fenster bewährt – vorausgesetzt, dieses ist offen und befindet sich im Erdgeschoss. Wenn nicht, ist es wahrscheinlich klüger, du wendest dich wieder dem Zündmechanismus der Bombe zu.

Was du brauchst	**WIE MAN'S MACHT**
großes Fenster (vorzugsweise im Erdgeschoss) **Mut**	**1** Nimm kräftig Anlauf und stoße dich mit den Füßen ab. Du musst mit dem Kopf zuerst durchs Fenster fliegen. Halte den Körper parallel zum Boden, jedoch leicht schräg.
	2 Sobald du durch das Fenster segelst, ziehe den Kopf ein, um nirgendwo anzustoßen. Bist du durch, landest du mit einer Judorolle.
	3 Als Erstes berühren deine Hände den Boden. Sie sind schulterbreit auseinander. Mit den Armmuskeln dämpfst du den Aufprall etwas ab.
	4 Jetzt ziehst du den Kopf noch stärker ein, damit als Nächstes die Rückseite einer Schulter auf dem Boden aufkommt. (Deshalb solltest du davor schon schräg in der Luft liegen. So vermeidest du eine Landung auf dem Nacken.) Jetzt überschlagen sich Körper und Beine, bis du wieder stehst.
	5 Wenn du es richtig machst, bremst dich der Sprung nicht ab. Du rollst ab und rennst sofort weiter.

EIN KIND VOR EINEM AUTO RETTEN

In den meisten kritischen Situationen musst du ziemlich schnell schalten oder noch besser: sofort handeln ohne zu denken. Das gilt besonders, wenn ein Kind auf die Straße rennt, um seinen Ball zu holen. Siehst du ein Auto heranfahren, gewinnst du entscheidende Sekunden, wenn du instinktiv handelst. Überlegst du, welcher Schritt am besten ist, nimmt das Drama seinen Lauf, noch bevor du dich heldenhaft auf die Fahrbahn stürzt.

WIE'S GEHT

1. Renne schnell zu dem Kind.

2. Fokussiere den Brustkorb oder den Rücken und strecke die Arme aus. Du schnappst das Kind, indem du einen Arm um seinen Oberkörper legst und dabei unter beide Arme fasst.

3. Bleibe auf keinen Fall stehen, wenn du das Kind erwischt hast. Du gabelst es vielmehr auf und springst mit ihm zur Seite.

4. Wenn es hart kommt, musst du das Kind von der Fahrbahn stoßen und selbst die Kollision mit dem Auto in Kauf nehmen. Das ist natürlich alles andere als erstrebenswert, aber du hast bei dem Aufprall eine größere Überlebenschance als ein Kind. Ein echter Held wird unter allen Umständen versuchen, den kleinen Menschen zu retten.

5. Wenn du nicht verhindern kannst, dass du selbst von dem Auto erfasst wirst, versuche, rechtzeitig leicht aufzuspringen, sodass du dich über die Kühlerhaube abrollen kannst und auf der Windschutzscheibe landest. Sonst wirst du von der Stoßstange getroffen und womöglich unter das Auto gezogen, wo deine Überlebenschancen deutlich geringer sind.

ÜBERFÄLLE VEREITELN

Für einen Helden beginnt der Job oft genau dort, wo normale Menschen aussteigen. Ein bewaffneter Überfall ist so ein Fall. Oftmals schreiten Menschen ein und bezahlen ihren Mut mit dem Leben. Aber hier geht es um den außergewöhnlichen Einsatz, und wenn wir sehen, wie ein Gangster eine Dame bedroht, heißt es handeln. Was nicht bedeutet, dass wir kopflos agieren, denn die Lage soll sich ja nicht noch mehr zuspitzen.

WIE'S GEHT

1. Wenn du Zeuge eines Überfalls wirst (du siehst einen Kampf, jemand wird mit einer Waffe bedroht oder schreit „Haltet ihn!" oder „Hilfe!"), rufe die Polizei.

2. Dann rufst du „Sofort aufhören!" oder „In wenigen Augenblicken kommt die Polizei!". Wenn der Gangster merkt, dass jemand einschreitet, lässt er vielleicht von seinem Tun ab und sucht das Weite.

3. Wenn du einigermaßen sicher bist, dass der Täter keine gefährlichen Waffen bei sich führt, kannst du unter lauten Rufen auf ihn zurennen. Auch das kann ihn veranlassen, die Flucht zu ergreifen.

4. Taschendiebe klauen und hauen ab. Wenn einer an dir vorbeiläuft, versuche ihm ein Bein zu stellen, setze ihn mit Pfefferspray außer Gefecht oder bringe ihn zur Strecke, indem du ihn in deine Schulter rennen lässt. Werden Diebe auf diese Weise aus dem Konzept gebracht, lassen sie oft ihre Beute fallen und rennen weg. Du kannst versuchen, den Täter am Boden festzuhalten, bis er das Diebesgut wieder herausrückt oder die Polizei eintrifft, aber nur, wenn du ihm körperlich überlegen bist.

5. Präge dir auf alle Fälle das Gesicht gut ein und schildere der Polizei genau, was du gesehen hast.

EIN DURCHGEHENDES PFERD PARIEREN

Wenn du abenteuerlustig bist, kannst du viel schneller in Notlagen geraten als normale Menschen. Arbeitest du beispielsweise als Reiter oder Stuntman für Westernfilme im Stile eines Sergio Leone, musst du dich schon mal auf dem Rücken eines durchgehenden Pferdes bewähren.

In solch einem Fall hilft es zu wissen, dass diese Tiere äußerlich ziemlich groß und kräftig, charakterlich jedoch eher Hasenfüße sind. Das liegt an ihrer Geschichte, in der sie allzu häufig als leckere Beute für Raubtiere herhalten mussten. Deshalb reagieren sie auch heute noch auf plötzliche Bewegungen oder laute Geräusche äußerst schreckhaft nach dem Motto: erst mal rennen, dann nach dem Grund fragen.

WIE'S GEHT

1. Oberste Regel: ruhig bleiben. Wenn ein Pferd durchgeht, wird es nur noch mehr Panik bekommen, wenn auf seinem Rücken jemand sitzt, der noch hysterischer ist als es selbst.

2. Stelle sicher, dass du nicht der Grund für die Panik bist. Grabe deine Fersen nicht in die Seite des Pferdes. Und fuchtele nicht wild mit den Armen umher, sonst regt sich das arme Tier nur noch mehr auf.

3. Lenke das Pferd auf eine freie Fläche, lehne dich nach vorne und halte einen Zügel so nah am Gebiss wie möglich.

4. Ziehe an dem Zügel und setze dich wieder aufrecht. Das Pferd wird den Kopf auf diese Seite werfen und im Kreis laufen. Es ist wichtig, dass du dabei den Zügel auf der anderen Seite ordentlich durchhängen lässt.

5. Sinn der Aktion ist es, das Pferd so lange im Kreis laufen zu lassen, bis es ihm langweilig wird. Jetzt wird es sich beruhigen und dem Reiter wieder gehorchen. Pariere es wie gewohnt durch.

Wenn dein Pferd durchgeht, kannst du dich auch darauf konzentrieren, einfach weiterzureiten statt unbedingt anzuhalten. In diesem Fall musst du deine Balance halten und gleichzeitig die Muskeln entspannen – feste Muskeln steigern die Sprungkraft. Bleibe aufrecht, damit du bei abrupten Manövern nicht über die Schultern des Pferdes fliegst, wenn es plötzlich abdreht oder stehen bleibt. Bleibe gelassen und achte darauf, ob das Pferd wieder Bereitschaft signalisiert, sich von dir kontrollieren zu lassen. Halte dich im Rhythmus der Bewegungen, bis sich das Tier beruhigt.

Wenn Ausreiten nicht in Frage kommt, ist möglicherweise ein Notstopp angebracht. Das gilt insbesondere, wenn du auf eine befahrene Straße, niedrige Äste oder sonst ein Hindernis zureitest. Der Notstopp klappt nicht immer; es kommt sehr auf Reiter, Pferd und Situation an. Voraussetzungen sind aber auf jeden Fall exzellente Technik und ein gut trainiertes Pferd.

WIE MAN WILDE TIERE ABWEHRT

Führt dich dein Weg in sehr abgelegene Gebiete, begegnest du vielleicht einer ganz anderen Art von Bedrohung: wilden Tieren. Die haben zwar keine Pistolen oder Messer, dafür aber Zähne, Krallen und einen bisweilen unerbittlichen Instinkt – Eigenschaften, die dir mehr Respekt einflößen als ein läppischer Straßenräuber. Hier bekommst du ein paar Empfehlungen, wie du einigen der unangenehmsten Kreaturen in freier Wildbahn begegnen solltest.

BÄREN

Solange ein Bär nicht aufgeschreckt wird oder seine Jungen beschützt, wird er dich eher in Ruhe lassen. Wenn du plötzlich vor einem Schwarzbär stehst, ziehe dich langsam zurück, wobei du mit den Händen winken, laut schreien oder in eine Trillerpfeife blasen solltest. In den meisten Fällen wird er weiterziehen. Wenn du diese Show vor einem Grizzlybär abziehst, wird er das freilich als Einladung zum Mahl empfinden. In dessen Gegen - wart hilft es nur noch, sich hinzulegen und tot zu stellen. Bete, dass er dich in Ruhe lässt.

GROSSKATZEN

Stößt du auf eine Großkatze, darfst du dich auf keinen Fall umdrehen und wegrennen. Katzen attackieren und greifen ihre Beute immer von hinten. Besser, du wendest dich der Katze zu und winkst mit den Armen, rufst oder bläst in eine Trillerpfeife.

KROKODILE

Oft werden Krokodile mit dahintreibenden Baumstämmen verwechselt, bis es zu spät ist. So kann das schönste Abenteuer ein jähes Ende finden.

ELEFANTEN

Wenn du nicht gerade in Afrika oder Indien unterwegs bist, wirst du auf deinen Touren wohl kaum einem Elefanten vor die Stoßzähne laufen. Passiert es jedoch und solch ein Koloss greift an, ist es das Klügste, du bleibst ruhig stehen. Die meisten Attacken von Elefanten sind nämlich Bluffs, und wenn die Tiere merken, dass du von ihrer Größe, den flatternden Ohren und dem lauten Trompeten unbeeindruckt bist, werden sie zur Tagesordnung zurückkehren und Bäume entlauben.

HAIE

Haie nähern sich meist von unten, um ihre Beute mit einem Biss in zwei Stücke zu reißen – ein Schicksal, das du um jeden Preis vermeiden solltest. Das bedeutet auch, dass du wahrscheinlich nicht die berüchtigte Dreiecksflosse als Warnzeichen sehen wirst. Achte darauf, ob andere Schwimmer plötzlich verschwinden, und nehme die Warnungen der Strandwächter ernst. Gehe auch nicht mit einer offenen Wunde ins Wasser – Haie sind bekannt für ihren ausgezeichneten Spürsinn für Blut.

SCHLANGEN

Meist kommt es zu Schlangenbissen, wenn Menschen auf ein Tier treten und es so erschrecken. Das vermeidet man, wenn man in schlangenreichen Gebieten auf seinen Weg achtet und sich nur auf Baumstämme setzt.

TIPP

 Hat dich eine Schlange gebissen, schneide die Wunde nicht mit einem Messer auf. Ist sie nur oberflächlich, sauge sie einfach fünf Minuten lang aus und spucke das Gift aus. Geht der Biss offensichtlich tiefer, halte die Wunde unter deinem Herz, lockere die Kleidung, wenn sie die Stelle einschneidet, und suche ein Krankenhaus auf.

AUF EINEN SELBST-MÖRDER EINREDEN

Angenommen, du gehst die Straße entlang und siehst weit über den Köpfen der Leute eine Person an der Dachkante eines Hochhauses stehen. Vielleicht denkst du zuerst, es handelt sich um einen deiner Superhelden-Kollegen, der an seiner Flugtechnik arbeiten möchte. Doch dann besinnst du dich und gelangst zu der Erkenntnis: Da möchte jemand nicht fliegen, sondern springen. Und jetzt bist du gefordert.

WIE'S GEHT

1. Nerven bewahren und die Feuerwehr rufen. Wenn du die Sache einem Fachmann überlassen kannst, tue es. Mische dich nur ein, wenn sonst wirklich keine professionelle Hilfe zur Verfügung steht. In diesem Fall gehst du langsam auf den Selbstmordkandidaten zu und beginnst zu reden.

2. Du musst als jemand auftreten, der weiß, wovon er spricht, und helfen kann. Viele Leute nehmen an, suizidale Menschen brauchen einen Freund, der mit ihnen redet. Nachforschungen haben jedoch ergeben, dass sie auch dann springen, wenn sich jemand freundschaftlich nähert. Man muss ihnen vielmehr klarmachen, dass es nicht in Ordnung ist, was sie vorhaben.

3. Rede auf die Person ein und trete Zentimeter für Zentimeter näher. Sei aber vorsichtig. Es geht nicht darum, der Person schnell auf die Pelle zu rücken, wenn du aber unter Worten an sie herankommst, kannst du sie packen.

4. Tue im Gespräch nicht so, als könntest du das Leben eines Menschen verändern und alles würde gut werden. Das wird nicht funktionieren. Ein Depressiver braucht Hilfe, und du kannst ihm helfen, sie zu bekommen.

5. Aus demselben Grund darfst du einem Lebensmüden auch nicht glauben, wenn er plötzlich behauptet, er fühle sich schon viel besser. Rede weiter auf ihn ein, dass er Hilfe bekommt und es nicht okay ist, sich umzubringen.

EINEN DIEB FANGEN

Wenn bei dir einmal eingebrochen wurde, dann willst du das kein zweites Mal erleben. Dabei geht es nicht nur um die verlorenen Güter, sondern um die Verletzung. Du bist in deiner Ehre gekränkt. Jemand hat sich in dein Haus geschlichen und alles durchwühlt und mitgenommen, was ihm gefiel. Du stellst dir das verächtliche Grinsen dieses Typen vor und denkst: „Das nächste Mal kommst du mir nicht so einfach davon!"

WIE'S GEHT

1. Vorbeugung ist immer besser als die Konfrontation mit einem Einbrecher. Schließe all deine Türen und Fenster ab. Das klingt zwar selbstverständlich, doch Experten bestätigen, dass die meisten Einbrüche dort geschehen, wo ein Dieb leichtes Spiel hat. Also lasse vor dem Haus keine Leiter und auch keinen Tisch stehen, sonst ist das wie eine Einladung ins obere Stockwerk.

2. Sichere dein Haus mit einer Alarmanlage, am besten mit einer direkten Verbindung zur örtlichen Polizeistation. Wenn du dich sehr stark bedroht fühlst, richte ein Überwachungssystem mit Kameras ein. Sollte es jetzt immer noch ein Einbrecher zu dir schaffen, heißt es: Fange den Dieb!

3. In erster Linie benötigst du hierzu den Überraschungseffekt. Sonst wird es sehr schwer.

4. Rufe immer zuerst die Polizei, es sei denn, du verrätst dich dadurch. Wenn du einsehen musst, dass du den Einbrecher nicht dingfest machen kannst, entferne dich schnell und lautlos von der Szene und rufe dann die Polizei.

5. Wenn der Einbruch bei dir zu Hause stattfindet, kennst du dich viel besser mit den örtlichen Begebenheiten aus als dein Kontrahent. Nutze diesen Vorteil! Nimm eine Pfanne, bewaffne dich zur Selbstverteidigung mit einem Küchenmesser oder dergleichen und brate dem Bösewicht eins über.

EINEM SCHUSS AUSWEICHEN

Wenn du dich in einer feindseligen Situation befindest und in den Lauf einer Schusswaffe blickst, solltest du entweder tun, was man dir sagt, oder versuchen, den Angreifer zu entwaffnen. Aber das ist leichter gesagt als getan. Wenn du es mit einem schießwütigen Kerl zu tun hast, kann es passieren, dass du einer Kugel „ausweichen" musst. Das geht natürlich nicht wirklich, da du wohl kaum über die Reaktionsgeschwindigkeit eines Superhelden verfügst. Aber du kannst versuchen, einen Schuss vorherzusehen und deshalb rechtzeitig in Deckung zu gehen oder davonzulaufen.

WIE'S GEHT

1. Um einen Schuss vorauszusehen, musst du extrem aufmerksam sein. Achte genau auf das Verhalten des Schützen. Wird er ungeduldig oder wütend, bringt ihn etwas aus der Fassung? All das kann auf einen Schuss hinweisen. Halte auch den Finger am Abzug und die exakte Zielrichtung im Auge. Ist die Hand locker und entspannt, sieht es gut aus. Sind die Knöchel jedoch weiß, ist er offensichtlich schussbereit. Willst du jetzt einer Verletzung entgehen, musst du schneller sein als der Finger am Abzug.

2. Wenn du spürst, dass es ernst wird, stoße dich mit einem Bein ab und bewege dich schnell zur Seite. Die Richtung wählst du je nachdem, in welcher Hand der Täter die Waffe hält. Hat er sie in der rechten Hand, springe nach links (und umgekehrt bei einem Linkshänder). Es ist nämlich etwas schwerer, die Schusswaffe quer über den Körper zu führen und dabei genau zu zielen.

3. Bist du dem Schuss ausgewichen, bleibe nicht stehen. Suche Deckung, vorzugsweise etwas Großes. Am besten in einem Gebäude. Hast du dich hinter einem Gegenstand versteckt, behalte ihn immer zwischen dir und dem Schützen.

4. Musst du auf einem offenen Platz vor einem Angreifer fliehen, laufe im Zickzack. Dein Weg muss unberechenbar sein, damit der Täter schwerer auf dich zielen kann.

SPRUNG AUS DEM FLUGZEUG

Du hast hoch in den Lüften ein paar Bösewichte ausgeschaltet. Während des Kampfes ist aber jemand gegen die Steuerinstrumente gefallen und das Flugzeug lässt sich nicht mehr kontrollieren. Du legst also den Fallschirm an und springst. Ist keiner da, dann vergiss die folgenden Instruktionen und blättere auf S. 106 „Einen Absturz überleben".

WIE'S GEHT

1. Greife nach dem Fallschirm und suche eine Art Henkel im unteren Bereich des Pakets. Er ist an einem Stift angebracht, der in einer silberfarbenen Öse steckt. Das ist der Auslösegriff, mit dem du den Fallschirm später öffnest.

2. Lege den Fallschirm an. Er schmiegt sich wie eine Mischung aus Klettergeschirr und Rucksack an deinen Körper. Ertaste am Rücken den unteren Bereich des Schirms und mache dich mit der Position des Auslösegriffs vertraut – das wird noch wichtig.

3. Das Flugzeug muss bei geringer Höhe recht langsam fliegen. Bist du höher als 5000 m, musst du zusätzlich eine Sauerstoffflasche tragen, sonst erstickst du auf dem Weg nach unten.

4. Wenn es so weit ist, gehe ins Heck des Flugzeugs, öffne die Tür und springe. Im freien Fall musst du eine stabile Position einnehmen.

5. Zähle bis zehn, dann greife nach hinten und betätige den Auslöser.

6. Wenn sich nichts tut, musst du gleichzeitig an den beiden Ringen vorne an den Schultergurten ziehen. So öffnet sich der Hilfsschirm.

BANKRAUB VEREITELN

Mal ehrlich: Welcher heroisch ambitionierte Mann träumt nicht davon, Zeuge eines richtigen Banküberfalls zu werden, nur um ihn dann zu vereiteln? Doch das lässt sich ja nicht steuern. Du weißt nicht, ob du dich in diesem Moment in der Bank aufhältst, an ihr vorbeigehst oder im Auto sitzt. Vielleicht bekommst du zufällig mit, dass Gangster gerade zum Überfall ansetzen. Wie auch immer du in die Situation gerätst, jetzt musst du blitzschnell schalten, um die passenden Gegenmaßnahmen zu ergreifen.

Freilich ist in vielen Fällen, in denen bewaffnete Täter zum Äußersten entschlossen sind, die beste Maßnahme, einfach gar nichts zu tun. Wer jetzt „den Helden" spielt, wird wahrscheinlich nur sich und andere in noch größere Gefahr bringen. Das machst du also auf keinen Fall. Vielmehr verhältst du dich klug und setzt auf den Überraschungseffekt.

WIE'S GEHT

1. Die meisten Bankräuber stürmen nicht wild um sich schießend in eine Filiale. Sie werden eher eintreten und direkt auf den Kassierer zugehen. Diese Sorte Kriminelle trägt zumeist Mütze und Sonnenbrille sowie einen langen Mantel. Siehst du solch einen Zeitgenossen, gehe kein Risiko ein und alarmiere den Sicherheitsdienst.

2. Wenn du in einer Bank arbeitest und so einem Verdächtigen begegnest, warte nicht, bis er die Initiative ergreift. Handle selbst, und zwar so freundlich du kannst. Sage dem Verdächtigen, du hast ihn noch nie in der Filiale gesehen und nimmst an, er möchte ein Konto eröffnen. Im Gespräch bittest du ihn beiläufig, die Sonnenbrille abzunehmen und schon einmal den Ausweis herauszuholen, damit es losgehen kann. In vielen Fällen wird solch eine unerwartete Freundlichkeit den Räuber verwirren, sodass er von seinem Vorhaben absieht.

3 Manchmal verlangt die Situation Teamwork. Kein Kunde ist von einem Kriminellen angetan, der einfach den wohlverdienten Lohn der eigenen Arbeit raubt. Du kannst deshalb versuchen, die anderen Personen in der Bank für deine Abwehrmaßnahmen zu gewinnen. Gelingt es dir, den Räuber zu entwaffnen oder sogar am Boden festzuhalten, gib Anweisungen wie „Jemand ruft die Polizei", „Nehmen Sie die Waffe" oder „Übernehmen Sie das mal". Hast du den Täter erst einmal überwältigt, wirst du leicht weitere Leute finden, die ebenfalls den Helden in sich entdecken und dich unterstützen.

4 Befindest du dich vor der Bank und ein Maskierter rennt mit einer Tüte heraus, versuche ihn zu Fall zu bringen oder auf deine Schulter auflaufen zu lassen. Wiederhole den Stoff zum Thema Überfall.

5 Auch der Griff nach der Beute hat sich bewährt. Wenn du die Tasche mit dem Geld schnappst oder aufschlitzt, sodass die Scheine herausfallen, wird das viele Räuber zur Aufgabe bewegen.

6 Beobachtest du vom Auto aus, wie die Räuber weglaufen oder -fahren, gib Gas und touchiere sie. Keine Sorge, du wirst dafür kein Ticket kriegen.

DIE WAHREN HELDEN

Die wahren Helden das Alltags benötigen für ihren Job kein Hauptquartier im Keller. Sie treiben sich auch nicht nachts als obskure Bürgerwehr herum und brauchen keinen Umhang mit eigenem Logo. Wie du gesehen hast, können Heldentaten die unterschiedlichsten Formen annehmen. Sie werden jeden Tag und in jeder erdenklichen Situation gebraucht. Das geht vom perfekten Gentleman bis hin zur spektakuläreren Notlandung oder zum Todesmut bei einer Schießerei. Es stimmt, die Gefahr lauert nicht hinter jeder Ecke, aber sie kann trotzdem jederzeit vor dir auftauchen. Geschieht das, brauchen die Leute einen Helden, und in diesen dunklen Stunden der Not trittst du hervor, mutig und festen Schrittes. Du blickst der Gefahr ins Auge und rettest – ein Kätzchen oder die ganze Welt.

REGISTER

A

Abbinden 69-70

Abenteurer 21, 95, 116

Abrolltechnik 47

Ali, Muhammed 15

Antiheld 23

Armbanduhr 10, 97

Armstrong, Neil 15

Aufopferung 13

Ausdauer 13

Ausstrahlung 11

Auto 10, 22, 28, 38, 60-61, 66, 75, 77-78, 84, 89, 104, 110-112, 114, 124-125

Autorampe, über eine springen 110-111

B

Balmat, Jacques 42

Banküberfall 124-125

Bär 118

Belle, David 47

Bergrettung 92-93

Bergsteigen 42-43

Betrunkene, eine nach Hause bringen 60

Bond, James 47

Boot, gekentertes 103

Bus 112

C

Catwalk 47

Churchill, Wilson 15

Churchill, Winston 15

D

Dinner, romantisches 52-53

E

Edelmut 13

Einbrecher fangen 121

Eisrettung 85

Elefant 119

Entschlossenheit 13

Erdbeben 75, 78, 105

Erste Hilfe 27, 58, 66-70, 72-73, 92

Erstickungsgefahr 72-73, 90

Ertrinkenden retten 88-89

erwischt werden, nicht 104

Evakuierung 79

F

Familienoberhaupt 16

Fenster 29, 51, 74-75, 79, 87, 113, 121

Feuer machen 100-101

Feuer

   Fluchtwegeplan 29

   löschen 71

   Rettung 86

Flugzeug

   abspringen aus einem 123

   fliegen 44-46

Flugzeugabsturz 106-107

Flut, Hochwasser 76-78

Fußball 34-35

G

Gandhi, Mahatma 14

Gasleck 74

Gates, Bill 14

Gesichtsausdruck 11

Großkatze 118

H

Hai 119
Heimlich-Handgriff 72-73
Hemingway, Ernest 15
Herzinfarkt 90
Herz-Lungen-Massage 90-91
Hillary, Sir Edmund 15
Hingabe 13

I

Industriekapitän 19

K

Karate-Kick 36-37
Katze vom Baum holen 82-83
Kind 77, 114
Kleidung
  entflammbar 10, 106
  flugzeugtauglich 106
  passend 10
Knochenbruch 67
Kompass 97
Konfrontation vermeiden 63
Körpersprache 11
Kraulstil 41
Krokodil 118

L

Lächeln 11

M

Mandela, Nelson 14
Mann der Tat 18
Martini 59
Mont Blanc 42
Mut 13

N

Notfallausrüstung 26-28, 78-79

O

Ohnmachtsanfall 54
Orientierung 97-99

P

Paccard, Michel-Gabriel 42
Parkour 47
Party 58
Pelé 15
Pferd reiten 38-40
Pferd, durchgegangenes 116-117

R

Reifenwechsel 32-33
Rettungen 81-93
Ritterlichkeit 49-63

S

Schindler, Oskar 14
Schlamm, steckenbleiben im 84
Schlange 119
Schlangenbiss 66, 70, 119
Schuhwerk, passendes 10
Schuss ausweichen 122
Schussverletzung 68-69
Segeln 103
Selbstlosigkeit 13
Selbstmordkandidat 120
Skywalker, Luke 12
Sonnenbrille 10, 124
Sportheld 20
Sportsfreund 62
Ständchen 51
Sterne, navigieren nach 99
Stichverletzung 68-69

Stromausfall 78
Stromschlag 90
Superheld 10-11, 22, 109-125

T
Tango 55-57, 59
Tapferkeit 13
Tiere, wilde 118-119
Tore schießen 34-35
Treue 13
Tsunami 105

U
Überfall 115, 124-125
Unterstand 102

V
Vader, Darth 12
Verbandskasten 66
Verbrennung 69
Vorbild 14-15

W
Wasser finden 96
Wasserrohrbruch 30-31
Wilberforce, William 15

Z
Zielstrebigkeit 13